서문문고
179

# 인간이란 무엇인가

빅터 프랭클 지음
김 재 현 옮김

Man's Search for Meaning

*by*

*Viktor E. Frankl*

# 서 문

저술가이자 정신의학자인 프랭클 박사는 인생의 괴로움에서 허덕인 나머지 진료실의 문을 두드리는 환자들에게 가끔 묻는다.

"왜 자살을 하지 않소?"

이같은 어이없는 질문을 받고, 환자들이 하는 대답을 바탕으로 해서 그는 자신이 의도하는 정신요법의 실마리를 풀게 되는 경우가 흔히 있다.

어떤 사람은 자식들에 대한 사랑이 끄나풀이 되어, 어떤 사람은 버리기 아까운 재능이, 또 어떤 사람은 가시지 않는 과거의 추억 때문인 경우가 있다. 이같이 파멸된 인생의 가느다란 실오라기들을 짜서 삶의 의의와 책임이란 질긴 틀을 엮어내려는 것은 논리요법(로고세라피)이 당면한 목적이요, 과제이기도 하며 이것은 프랭클 박사가 현대의 실존주의적 분석을 자기 나름대로 해석해 놓은 것이라 하겠다.

이 책에서 프랭클 박사는 인생의 체험을 기술함으로써 '논리요법'의 개념을 제시해 준다.

프랭클 박사는 수용소에서의 장기간에 걸친 포로생활 체험을 통해 적나라한 자신의 실존을 발견한다. 그의 부모와 아우 그리고 아내는 수용소에서 죽었거나 가스 처형실의 제물이 되었고, 남은 혈연이라고는 여동생 하나뿐, 온가족이 수용소에서 몰살을 당했다.

한 톨의 재산도 없이 다 빼앗기고, 일체의 가치도 파멸하고 배고픔과 추위와 만행을 당하면서, 언제 처형이 될지 모르는 현실 앞에서 그래도 살아야 한다는 신념을 끝까지 지키게 된 까닭은 무엇이었을까.

인간 실존의 이같은 극한 상황을 몸소 체험한 정신의학자의 말이라면 한번 귀를 기울여 볼 만한 일이 아닐 수 없다. 그는 누구보다도 예지와 동정어린 눈으로 인간 조건을 살펴 볼 수 있는 사람이다. 프랭클 박사의 이야기야말로 허위가 발붙을 수 없는 너무나 깊은 체험의 산물이기 때문에 심오한 진리가 내포되어 있다.

현재 빈 의과대학 교수인 그가 직접 관장하고 있는 빈 신경외과병원의 발족 이래, 세계 방방곡곡에 생겨나고 있는 '논리요법' 진료소는 그의 명성과 권위를 인정해 주는 실증이 아니겠는가.

우리가 여기서 프랭클 박사의 이론과 실제(치료)를 이야기하려면 그의 선구자인 '프로이트'와 비교하지 않을 수 없게 된다. 신경질환의 원인과 치료에 관심을 갖고 있는 것은 프랭클이나 프로이트나 다 같으나 프로이트는 신경질환의 원인을 갈등과 무의식적인 동기에서 찾는다. 이와는 달리 프랭클은 신경질환을 몇 가지 유형으로 분류하고, 신경질환의 원인은 환자가 인생의 의의와 책임감을 찾지 못하는 데 있다고 본다.

신경질환의 경우 프로이트는 성생활의 좌절감을 강조하는 반면, 프랭클은 인생의 의미 상실을 강조한다. 오늘날 유럽에서는 프로이트와는 결별을 선언하고 실존주의적 분석 방법을 채택하고 있는데 '논리요법'은 이같은 실존주의적 분석 방법을 원용하는 주도적 학파이다. 그러나 프랭클은 프로이트를 반박하기보다는 프로이트가 남겨 놓은 공헌을 수용하는 관용성을 보이고 있을 뿐만 아니라 그밖의 여러 학파와도 충돌 대신 제휴를 환영하는 입장을 취하고 있다.

여기에 기록된 이야기는 내용은 간략하지만 아름답고 감동적이다. 나는 이 이야기의 마력에 끌려서 앉은 자리에서 두 번이나 이 책을 읽어야 했다. 이야기가 중간쯤 이를 때 프랭클 박사는 '논리요법'의 원리를 제시하는데 그 방법이 조금도 무리가 없어 독자는 부담을 느끼지 않을 것이고, 이 책에서 우리는 수용소의 잔인상은 물론이요, 이 책이 깊은 철리가 담긴 에세이인 것을 깨닫게 된다.

프랭클 박사의 자서전적인 줄거리를 통해서 독자는 큰 교훈을 얻을 것이다. 갑자기 어이없게도 벌거숭이 목숨 하나밖에는 더 잃을 것이 없게 되어 버린 순간, 인간은 어떻게 처신할까. 감정과 무감각의 교착 감정을 술회해 놓은 프랭클의 글은 감동 없이는 읽을 수 없다.

이같은 상태에서 맨 먼저 구원이 되어 주는 것은 인간 각자의 운명에 관한 냉정하고 초연한 호기심이다. 동시에 생존의 가망을 거의 찾아볼 수 없는 경지에서 사람은 남은 제 목숨을 보존해 보겠다는 수완을 재빠르게 동원한다. 배고픔·곤욕·공포, 불의에 대한 강한 분노 등을 참고 견디게 하는 것은 사랑하는 자의 소중한 모습이며, 신앙이며, 괴이한 유머이기도 하며 심지어는 한 그루의 나무나 지는 해와 같은 우리의 마음에 약이 되어 주는 자연의 아름다움이기도 하다.

그러나 이런 구원의 순간이 있다치더라도, 포로들이 스스로 겪고 있는 괴로움 속에서 보다 큰 의의를 찾는데 힘이 되어 주지 않는다면 생의 의욕은 솟아나지 않는 법이다. 말하자면 우리의 당면 과제는 실존주의의 핵심이 된다. 즉 산다는 것은 괴로운 것이란 것, 인생의 의의는 괴로움 속에 있다는 것이다. 만약 인생에 목적이 있다면 괴로움과 죽음에도 목적이 있는 게 당연하다.

그러나 이같은 목적은 각자가 다르다. 사람은 저마다 자신을 알아야 하며, 일단 해답을 얻으면 그에 따른 자기의 책임을 받아들여야 한다. 이렇게 된다면 사람은 어떤 곤욕도 아랑곳하지 않고 자신의 길을 개척할 수 있을 것이다. 프랭클은 다음과 같은 니체의 말을 즐겨 인용한다.

"생존의 이유가 있는 자는 어떻게 사느냐 하는 방법을 대개 견뎌 갈 수 있다."

수용소에서는 한 마디로 말해서 삶의 지구력을 박탈하려 든다. 누구나 일상 누릴 수 있는 삶의 목표는 전부 빼앗기게 되고 오직 하나, 인간의 자유 가운데 마지막 하나의 자유가 보장될 뿐이다. 그것은 오로지 주어진 한계 내에서 자기의 태도를 취할 수 있다는 것이다.

현대 실존주의자들은 물론, 고대 스토익파 학자들이 말하던 이같은 인간의 궁극적 자유는 프랭클의 글에서도 중대한 의의를 갖는다.

포로들은 대개 평범한 인간에 지나지 않는다. 그러나 그중에는 괴로움을 보람으로 이겨 가면서 인간이란 자신의 외적인 운명을 초월할 수 있는 능력이 있음을 보여 주는 특수한 사람도 있기는 하다.

심리요법 의사로서 이 책의 저자가 이같은, 인간만이 가질 수 있는 초월적인 능력을 개발하는 방법을 규명하고자 한 것은 당연한 일이다. 지독히 비참한 환경에 처해 있는 환자에게 어떻게 하면 삶에 대한 책임의식을 고취시킬 수 있을 것인가. 프랭클은 동료 포로들에게 직접 시행한 집단요법을 감동적으로 들려 주고 있다.

출판사의 청탁을 받고 프랭클 박사는 자신의 체험수기 이외에도 참고도서와 논리요법의 기초적인 원리를 간단명료하게 제시해 주고 있다. 지금껏, 프로이트 및 아들러 학파를 선구자로 하는 소위 '제3 빈 학파'의 저서가 거의 독일어로 나왔던 것에 비해 영문판의 이 책은 크게 환영을 받을 것이다.

여타의 많은 유럽의 실존주의자들과는 달리 프랭클은 비관주의자도 아니며 반종교인도 아니다. 이와는 전혀 반대로 그는 보편적인 괴로움과 악에 정면으로 대결하는 작가로서, 인간이란 자기의 역경을 초월해서 길잡이가 되는 진리를 발견할 수 있다는 극히 낙관적인 인생관을 가진 사람이다.

나는 이 책을 충심으로 추천하는 바이다. 인간 문제 가운데 가장 심오한 것에 초점을 두고 전개되는 진주

같은 인간 드라마를 담고 있는 책이기 때문이다. 뿐만 아니라 이 책은 문학적으로나 철학적으로도 우수성을 지니고 있으며, 오늘날 가장 중요한 심리학의 흐름에 대한 탁월한 입문서가 될 것이다.

— 고든. W. 앨포트

※ 인간이란 무엇인가

차  례

**서 문**·3
**수용소 생활**·15

**논리요법의 기초개념**·157
  의의(意義)의 원칙·162
  실존적 좌절·166
  심혼성(心魂性) 신경질환·167
  심혼역학(心魂力學)·171
  실존적 공허·174
  인생의 의의·177
  실존의 본질·178
  사랑의 의의·182
  괴로움의 의의·183
  형이상학적 임상문제(臨床問題)·188

로고드라마 (로고세라피의 임상극)·189
초월적 의의·192
인생의 무상·195
기교로서의 로고세라피·197
집단적 노이로제·207
범결정론의 비판·208
정신의학적 신조·212
다시금 인간화의 길로·214

**역자 후기**·217

# 인간이란 무엇인가

# 수용소 생활

# 수용소 생활

 이 책은 단순한 사실과 사건들에 관한 것이 아니라 인간의 경험, 다시 말해서 수백만 사람들이 헤아릴 수 없이 겪은 쓰라린 경험에 관한 이야기이다.

 한 생존자가 전하는 수용소의 이면사라 하겠다. 여기에 나오는 이야기는 지금껏 많이 전해 내려오는 엄청난 공포의 이야기—사람들이 쉽사리 귀담아 듣지 않는—가 아니라 헤아릴 수 없이 많은 사소한 고통담이라 하겠다. 달리 말한다면, 이 체험 수기는 다음과 같은 질문에 해답을 구하려는 것이다. 즉,

 "수용소의 일상생활이 일반 포로들의 마음속에 어떻게 반영되었을까?"

 여기에 전개되는 사건들은 거의 크고 유명한 수용소에서 발생한 것이 아니라, 대량 학살이 실제로 감행되었던 소규모의 수용소에서 일어난 일들이다.

 이 수기는 위대한 영웅이나 순교자들이 당한 괴로움

과 죽음에 관한 이야기도 아니며, 남보다 특권을 누리면서 행세하던 카포[1]나 유명 인사의 이야기도 아니다. 쟁쟁한 인사들의 고통담이 아니라, 기록에도 전해지지 않는 헤아릴 수 없이 많은 무명인사들이 겪은 처형과 희생 및 죽음의 이야기이다.

'카포'들이 제일 업신여긴 것은, 아무런 표지도 달지 않은 바로 이같은 무명의 포로들이었다.

일반 포로들이 굶주림에 허덕일 때에도, 카포들만은 배고픈 줄 몰랐다. 사실, 수용소 생활은 카포들에게는 그들 일생을 두고 가장 호사스러운 생활이었던 것이다. 이들은 감시원들보다 포로들을 더 모질게 다루었고, 나치 친위대원들을 뺨칠 정도로 잔악하게 포로들을 두들겨 팼다.

이같은 카포들도 또한 포로 출신이었으며, 포로 가운데에서 특히 이같이 모진 일에 소질이 있어 보이는 자들을 뽑아서 앞세워 놓은 것인데, 혹시 자기들이 맡은 소임을 다하지 못할 때는 당장에 그 자리에서 쫓겨나게 마련이었다. 이들은 머지않아 친위대원 및 수용소 간수를 닮아갔고 따라서 이들을 규정할 때에는 친위대원이나 간수들과 유사한 심리학적 바탕에서 고려되어야 할 것이다.

국외자(局外者)란 수용소의 생활을 잘못 보기가 쉽다. 감상과 연민의 정을 가지고 보기 때문이다. 국외자의 눈에는 포로들 사이에 불붙는 듯한 치열한 생존 경쟁이 비쳐질 리 없다. 그것은 끼니를 위한, 목숨을 건지기 위한, 자기나 친구를 위한 무자비한 싸움이었던 것이다.

한 가지 예를 들자면, 일정한 수의 포로를 다른 곳으로 옮긴다는 공식발표가 났다고 하자. 이런 경우, 종착지는 대개 가스처형실이라고 생각하면 틀림없다.

말하자면 노동력이 없는 병약한 포로들을 추려서 가스처형실과 화장터가 있는 대규모의 중앙수용소로 보내는 것이다. 병약자를 추려내는 과정이야말로 포로들 개개인간에, 또 집단과 집단간에 난투(亂鬪)의 신호가 된다. 한 사람을 구하면 그 대신 다른 사람이 희생된다는 것을 모르는 사람이 없겠지만, 모두들 처형후보자의 명단에서 자기 이름과 친구의 이름을 지워 버리려고 눈에 불을 켠다.

한번에 일정한 수의 포로가 수송된다. 이 일정한 수치는 누가 되어도 상관 없다. 포로들이란 한결같이 하나의 번호에 불과하기 때문이다.

일단 포로들은 목적지의 수용소에 당도하기가 무섭게

―아무튼 아우슈비치에서 하던 방법은 이러했다―각자의 소지품과 사문서 일체는 압수된다. 이리하여 포로들은 자기의 가명이나 가공의 직업이 탄로날 경우를 당하게 된다. 사실 여러 가지 이유로 포로들 가운데는 자기의 이름과 직업을 감추는 사람이 많았다. 당국의 관심은 오직 번호에만 있었으니 말이다. 번호는 흔히 포로들의 몸에 문신(文身)으로 새기기도 했고 바지나 잠바 혹은 코트 한쪽에다 실로 박기도 했다.

감시원이 어느 포로에게 죄를 뒤집어 씌우고 싶으면 포로의 번호만을 흘겨 보면 되었고―아! 얼마나 두려운 눈매였던가―포로의 이름을 묻는 법이란 없었다.

수송 직전의 포로들에게 화제를 돌려본다. 이때는 도덕이라든가 윤리 같은 문제를 따질 겨를이며, 욕구가 있을 수 없다. 누구나 한결같이 품고 있는 생각은 고향에서 기다리는 가족을 위해서 죽지 말아야 한다는 생각이요, 친구를 구하겠다는 생각뿐이다. 그래서 모두 서슴지 않고 자기 대신 수용되어 갈 다른 사람 아닌 다른 번호로 갈아 치우는 것이다.

앞에서 이미 말한 바이지만 카포들의 선출과정은 소극적이다. 예외가 없는 것은 아니지만, 카포로 선출되는 포로들이란 가장 잔인한 무리이기 때문이다. 친위대원이 직접 뽑아내는 일 이외에 포로들이 전부 참여해서 하는, 소위 자가선택의 경우도 있다.

일반적으로 계속 생명을 지탱하고 있는 포로들이란, 어떤 사람들인가 하면, 이들은 다년간 수용소를 전전하다가 생존을 위한 투쟁에서 인간적인 도의심 같은 것은 헌신짝 버리듯 한 자들이다. 자기 목숨을 구하는 일이라면, 갖은 수단을 동원하며 폭력과 도둑질, 친구에 대한 배반까지도 서슴지 않는다. 행운이 겹쳐서일까, 기적이라 할까―어떤 것이었든 간에―아무튼 살아서 돌아온 우리는 알고 있다, 우리 일행 가운데 가장 훌륭한 사람들은 이미 불귀의 객이 되었다는 사실을.

수용소에 관한 수많은 실화는 이미 기록으로 남아 있다. 사실(事實)이란 것이 의의를 갖게 되는 경우는 이런 사실이 한 인간의 체험의 일부가 될 때에 한한다. 내가 쓰고자 하는 바는 바로 이같은 체험의 본질이 어떤 것인가를 전하는 데 있다.

이미 수용소 생활을 체험한 사람들에게 있어서 이 글은 현재라는 시점에서 그들의 체험을 비추어 보는 격이 될 것이고, 수용소 체험이 없는 사람들에게는 현실생활에 적응을 못하는 살아 남은 극소수 포로들의 체험에 이해와 동정의 마음가짐을 갖게 해줄 것이다. 쓰라린 포로 생활을 한 사람들은 말하리라.

"우리의 쓰라린 체험을 얘기한다는 것은 싫다. 포로 생활의 진상을 들추어 낼 필요가 어디 있는가? 직접 포로 신세를 겪지 않은 사람들은 우리를 이해할 수 없을 게다."

그래서 내가 의도하는 바를 체계적으로 전개해 나간다는 것은 쉬운 일이 아니다. 심리학이란 과학적인 초연성을 지녀야 하기 때문이다. 그렇지만, 스스로 포로의 몸이었던 사람의 이야기에 이같은 초연성이 가능한 것일까. 초연성이란 국외자에게 부여되는 것이다. 하지만 국외자란 현실과 지나치게 유리되어 있기 때문에 이야기에 진실성이 결여되기 쉽다. 실제의 체험자만이 진상을 파악할 수 있다. 체험자에게는 객관성이 결여될 수도 있고 가치 판단에 균형을 잃을 수도 있겠지만, 이것은 불가피한 노릇이다. 여하튼 개인적인 편견은 가능한 한도에서 피해야 한다. 그러니까 이같은 수기를 엮어내는 일은 결코 쉬운 일이 못 된다.

가장 절실한 체험을 전달하려면 때로는 용기가 있어야 한다. 그래서 애초에 나는 이 책을 익명으로 낼까 생각해 본 적도 있었다. 내게 주어진 번호판을 붙여서 말이다. 그런데 탈고를 하자, 익명 출판을 한다면 진가를 다 인정받기 어렵다는 것을 알았기 때문에 용기를 가지고 나의 소신을 떳떳하게 밝히기로 마음먹었다.

이런 까닭에 진상을 지나치게 폭로하는 일을 꺼리는 나의 성미이지만, 한 구절도 빠뜨리지 않고 원고를 출판사에 내놓기로 한 것이다.

이 책의 내용을 추려서 메마른 이론으로 요약할 일이 필요하다면 그것은 다른 사람에게 맡기고자 한다. 그렇게 하면 포로 생활의 심리학에 공헌이 될 것이다. 1차 대전 이후 연구되어 '철조망 병'으로 알려진 증상에 관한 것이다.

'르봉'의 저서와 그의 유명한 말을 빌린다면, '대중의 정신병리학'에 관한 우리의 지식을 살찌게 해준 장본인은 다름아닌 2차대전이었다. 신경이상을 낳게 하고 수용소라는 괴물을 가져다 준 것이 바로 2차대전이었기 때문이다.

다음 이야기는 한 평범한 포로로서 내 자신이 몸소 겪은 체험담이기 때문에 우선 나의 위치를 밝혀 두는 것이 좋을 것 같다.

나는 수용소에서 정신분석학자나 의사로서 종사해 본 적이 없다. 이같은 사실을 나는 자랑으로 여긴다. 내가 정신의학자로서, 의사로서 일을 맡아 본 기간은 최후의 몇 주일뿐이었다는 것을 밝힌다. 동료 몇 사람은 난방도 제대로 안 된 응급구호실에서 휴지를 오려서 만든 붕대를 감는 일을 하고 있었다. 나는 119104호였을 뿐, 대부분 땅을 팠고 철로를 닦았다. 언젠가는 나 혼자서 도로 밑으로 하수도를 내느라 땅을 파고 있었는데, 이 일에는 보수를 주게 되었는지 1944년 성탄절이 임박하자 상품권을 선물로 받게 되었다. 이 상품권은 우리들을 노예로 사서 부리는 건축회사가 발행한 것인데 이들은 수용소 당국에다가 포로 1인당 얼마씩 주고 흥정한 것이었다.

지급된 상품권의 액수는 50페니로 담배 6개비와 맞바꿀 수 있는 것이었는데 그나마 몇 주일 후에나 교환이 가능했고 때로는 전혀 무효가 되었다. 이때 내가 받은 상품권은 담배 12개비에 상당하는 것이었다. 배당된 담배 12개비는 수프 12사발과 바꿀 수 있었고, 12사발의 수프라면 잠시나마 기아에서 해방될 수 있다는 것이 나에게는 중요했다.

실제로 담배를 피울 수 있는 특권계급은 카포들뿐이었다. 이들은 배급표를 가지고 매주 일정한 양의 담배를 지급받았다. 이밖에 몇 개비의 담배를 구할 수 있는 사람은 창고나 공작소의 감독으로, 위험한 일을 치르는 대가로서 받는 것이었다.

다른 예외적인 경우가 있다면, 이미 생존의욕을 상실하고 임종의 날을 향락하고자 하는 사람들이었다. 그래서 혹시 담배를 피우는 동료를 보면 그 친구는 더이상 생명을 지탱해 나갈 신념을 포기한 사람임을 알 수 있었다. 사실, 일단 신념이 사라져 버리면 삶의 의지는 다시 찾아들기 힘들었다.

많은 포로들의 관찰과 체험에서 나온 자료에 의하면 수용소 생활에서 나타나는 포로들의 정신적 반응은 ① 입소 직후 ② 수용소 생활에 익숙해진 시기 ③ 수용소에서 석방된 이후의 세 단계로 나눠 볼 수 있다.

1단계의 특징은 충격이다. 충격은 수용소에 정식 입소하기 전에 나타나는 경우도 있다. 나 자신의 경우를 예를 들어 보겠다.

한 칸에 80명씩 전 인원, 1천5백 명의 포로를 실은 기차는 며칠을 밤낮없이 달렸다. 각자의 소지품이라야 보따리 하나가 고작이었으며 모두 다 그 보따리를 깔고 누워서 가야 할 형편이었다. 차안은 콩나물 시루였고 차창 윗부분에서 창백한 새벽빛만이 흘러 들어올 뿐이었다. 모두 기차의 행선지를 군수품 공장으로 알고 있었고, 그곳에 가서 강제노동을 할 것이라 믿고 있었다. 당도한 곳이 실레지아 지방인지 폴란드인지 도무지 갈피를 잡을 수가 없었다.

기적 소리는 처량하게 울렸고, 흡사 멸망으로 치닫는 가련한 짐짝들을 가엾이 여기며 보내는 구원의 외침인 듯했다. 그러자 기차는 선로를 바꾸어 들어갔다. 분명히 본역이 가까워 온 것이었다. 이때 수심에 찬 승객 속에서 갑자기 외마디 소리가 터져 나왔다.

"아, 저 푯말을! 아우슈비츠!"

그순간 모두 심장의 고동이 멈췄다. 아우슈비츠! 온갖 공포의 대명사, 가스처형실, 화장터 및 대학살의 집합체인 아우슈비츠! 기차는 느리게, 어쩌면 내키지 않은 듯이 움직였다. 마치 아우슈비츠라는 가공할 단어를 일부러 승객들에게 길이 새기게 하려는 것 같았다.

이윽고 먼동이 트자 엄청나게 큰 수용소의 윤곽이 드러나 보였다. 몇 겹으로 늘어선 철조망의 끝없는 행렬, 감시탑, 탐조등 그리고 어디를 향해서 가는지 알 수 없는 앙상한 인간 형체의 기나긴 대열이 잿빛 새벽에 잿빛을 띠고 황량한 길을 걸어가고 있었다. 군데군데서 호령 소리와 호루라기 소리가 요란했다. 무슨 뜻인지 알 바 없는 호령 소리! 시체가 달랑 매달린 교수대가 연상되었다. 공포가 엄습했다. 그러나 이러한 공포는 순식간에 지나갔다. 이같은 공포에 차츰 익숙해지지 않고는 배겨날 수 없다.

마침내 역구내로 다가들었다. 불같은 호령이 잔잔한 침묵을 깨뜨렸다. 이때부터 이같은 거칠고 날카로운 소리는 어디를 가나 우리의 귓전을 때렸다. 그것은 마치 패자의 최후의 외마디 외침 같다고 할 수 있을까, 아니 꼭 그렇지도 않았다. 쉰듯한 목소리에, 마구 살해를 당하는 피해자의 숨통에서 터져나오는 그런 소리 같기도 했다.

찻간 문이 활짝 열리면서 1분대 가량의 포로들이 와락 안으로 몰려 들어왔다. 줄무늬 바탕의 제복 차림에 머리는 중머리같이 맹송맹송했지만, 토실토실 살이 쪄 보였다. 이들은 유럽 여러 나라 말을 쓰고 있었고 유머까지도 잃지 않고 있었다. 때가 때인지라 이들 맹송이들의 이같은 거동은 괴이하게 보였다. 물에 빠진 사람 지푸라기라도 잡는다는 격으로, 나의 선천적인 낙관주의—이 낙관주의야말로 내 자신이 극도의 절망적인 환경에 빠졌을 때에도 마음의 평정을 잡아주었다.—때문에 나는 다음과 같은 집념에 사로잡혔다.

'이 친구들 멋있군. 의기충천해서 웃기까지 하는군. 사람의 일을 누가 아나? 나라고 이 친구들과 같은 좋은 팔자를 만나지 말라는 법은 없지!'

정신의학에서 '집행유예의 환상'이란 말이 있다. 처형 직전의 사형수가 마지막 순간에 형집행이 유예될지도 모른다는 환상을 품게 된다는 것이다. 마치 사형수처럼 나는 한 오라기 희망에다 몸을 기대고서 마지막 순간까지 믿음을 가졌다. 설마 하니 그다지 처참한 지경은 아닐 것이라고 말이다. 몰려든 포로들의 화색이 도는 얼굴을 보는 것만으로도 한 가닥 힘이 되어 주었다.

이들이야말로 특선된 인물로서 매일같이 이 역에 실려 오는 포로를 맡는 패거리임을 아무도 몰랐던 것이었다. 이들이 관장하는 일은 새로 도착한 포로들의 휴대품·귀중품 및 보석류의 압수에까지 이른다. 아우슈비츠는 몇 년 동안의 전쟁통에 이상야릇한 곳으로 변하고 말았다. 백화점에는 물론이요, 나치 친위대의 손 안에는 금·은·백금·다이아몬드 등 귀금속이 쏟아져 들어왔다.

이윽고 1천 5백 명의 포로들은 기껏해야 2백 명밖에 수용할 수 없는 헛간에 갇히게 되었다. 추위와 배고픔 속에서, 맨땅에 눕기는 고사하고 쭈그리고 앉을 자리도 없었다. 4일 만에 입에 들어온 음식이란 5온스짜리 빵

한 조각이 고작이었다.

　이런 가운데서도 이 가건물을 관장하는 선임 포로들은 우리들을 인계 맡은 친구 하나와 백금과 다이아몬드 넥타이 핀을 교환하느라 수군거렸다. 이익금이 나면 십상팔구는 브랜디와 바뀌고 말리라. '유쾌한 하룻밤'을 위해 필요한 양의 술을 구입하는데 몇천 마르크가 들었는지 기억이 나지 않는다. 하지만 앞으로 장구한 시일을 포로의 신세를 면하지 못할 사람들에게 술은 절대적으로 필요하다는 걸 알고 있다. 이같은 처지에서 술에라도 취해 보려는 뜻을 그 누가 탓할 수 있으랴.

　포로들 가운데는 친위대들로부터 거의 무제한으로 술을 공급받은 패도 있었다. 이들은 누군가 하면 가스처형실이나 화장터에서 일하는 축들이었는데, 이들은 자신들이 언젠가는 다른 패와 교체되고 그때 가서는 억지 춘향 격으로 떠맡았던 처형자의 위치에서 희생자의 위치로 바뀌게 된다는 자신들의 운명을 너무나 잘 알고 있었다.

　수송대열에 낀 포로들은 거의 누구나 자기는 집행유예의 혜택을 받아 만사가 잘 마무리되리라는 환상 속에서 살아가는 것이었다. 머지않아 드러날 이면에 가려진 속뜻을 알아 차리지 못했던 터였다. 우리는 짐을 찻간에 남겨 둔 채 두 줄로 열을 지어 서 있어야 했다. 한쪽에는 남자, 다른 쪽에는 여자로 갈라서서 선임 친위대원 앞에 검열을 기다리는 참이다. 이때 나는 무슨 엉뚱한 용기가 났던지 배낭을 코트 밑에 숨기고 있었다. 내가 낀 행렬은 한 사람, 한 사람씩 친위대 장교 앞을 지나갔다. 만약 배낭이 들통난다면 큰 욕을 당하게 되리라는 것! 이전의 경험으로 미루어 보아, 한 대 내리치리란 것을 모르는 바 아니었다.

나는 장교 앞에 이르자 내 짐이 들통이 날까 봐서 본능적으로, 몸을 꼿꼿이 세우고 걸어갔다. 그와 정면으로 마주쳤다. 훤칠한 키에 티없이 깨끗한 제복차림을 한 이상적인 체구의 사나이였다. 오랫동안 지친 여행으로 때가 묻어 더럽혀진 우리들의 초라한 옷매무새와는 너무나 대조적이었다. 세상 걱정 없는 표정을 짓고 그는 왼손에다 오른팔을 괴고 있었다. 그는 오른손을 치켜 올려서 집게손가락으로 능청을 떨며 좌우를 가리키는 것이었다. 그는 오른쪽을 가리켰다가 왼쪽을 가리켰다. 왼쪽을 가리키는 횟수가 훨씬 많았건만, 한 사람의 손가락이 한 번 움직일 때마다 그 배후에 가려진 무시무시한 뜻을 우리들 중 누구 하나 짐작하는 사람은 없었다.

내 차례가 되었다. 누군가가 귀띔을 해준다. 오른쪽으로 가면 사역장행이고 왼쪽으로 가면 병자로서 노동불능이라 하여 특수 수용소행이다. 운명에 맡길 수밖에 없었다. 배낭 무게 때문에 나의 왼쪽 어깻죽지가 약간 처지는 느낌이 들었지만 나는 힘을 내서 꼿꼿한 걸음걸이로 걸어갔다. 친위대 장교는 나를 훑어 보더니 약간 머뭇거리는 듯하다가 나의 두 어깨에 자기의 손을 갖다 얹는 것이었다. 나는 아직 기력이 팔팔하다는 시늉을 하느라고 무진 애를 썼다. 친위대 장교가 어깨를 더디게 돌리는 바람에 나는 오른쪽으로 방향을 택했다. 오른쪽으로 직행했다.

친위대 장교의 손가락질이 의미하는 뜻은 저녁때 가서야 풀렸다. 말하자면 그것은 제1차 선택과정으로서 우리의 생사(生死)를 가늠하는 첫 선고였다는 사실이다. 90퍼센트는 사형 선고였다. 선고가 다 된 뒤 처형은 몇 시간 안에 이루어졌다. 왼쪽으로 보내진 사람들은 역에서 화장터로 직행이다. 화장터 문에는 '욕실'이란 푯말이 몇 개의 구문(歐文)으로 나붙어 있다고 그곳에서 일하는 사람이 전해 주는 것을 들었다.

포로들은 화장터 구내에 들어서면 비누 한 조각씩을 배급받는다. 그리고 나서는…… 나는 그 다음에 벌어지는 일은 적을 필요를 느끼지 않는다. 이같은 몸서리쳐지는 일은 수없이 전해지고 있으니 말이다.

죽음을 모면한 우리들 소수의 생존자들은 이상과 같은 사실을 저녁 무렵에야 겨우 알게 되었다. 얼마 동안 그곳에서 머문 적이 있던 포로들에게 나는 나의 친구인 P씨의 안부를 물었다.

"그분 왼쪽으로 갑디까?"

이렇게 묻는 그들의 말에 나는,

"그렇습니다."

라고 대답했다.

"그렇다면 그분은 저기에 가면 있지요."

"어디 말입니까?"

라고 내가 묻자 그 중 한 사람이 몇백 야드 떨어진 굴뚝을 가리키는 것이었다. 그 굴뚝에서는 불기둥이 잿빛 폴란드 하늘에 치솟고 있었다.

"바로 당신의 친구분이 있는 곳이죠. 저렇게 해서 천당으로 간답니다."

이같은 대답을 듣고서도 나는 더 분명하게 일러 줄 때까지는 진상을 모르고 있었다.

나는 순서를 뒤바꿔서 이야기를 하는 셈이다. 심리학적으로 고찰할 때, 그날 새벽에 역에서 내려 수용소 안에 들어가 처음으로 밤의 휴식을 취하기까지는 끝없이 긴 여행이었다.

실탄 장전이 된 총을 멘 친위대원들의 호송을 받으며 우리는 역에서부터 구보를 해 전류가 통하는 철조망을 지나 수용소를 통과 한 뒤 욕실에 이르렀다. 제1차의 선택에서 합격된 사람들에게 주어진 정말 목욕이었다. 다시금 집행유예의 환상이 고개를 들기 시작한 것이다. 친위대원들은 멋있는 사나이로 보이기도 했다. 그들이 우리에게 그같이 보이는 데는 그런대로 까닭이 없는 것도 아니었다. 포로들의 팔목에 시계가 걸려 있고, 살살 얼려대는 자기들의 말을 듣고 포로들이 자기들한테 시계를 내줄 기미가 보이는 한, 이들은 우리들에게 곰살궂게 굴었다.

아무튼 소지품을 속속들이 내놔야 할 처지이고 보면, 그래도 비교적 마음씨 고와 보이는 친위대원에게 시계를 풀어 주지 못할 까닭이 없으니까 말이다. 그러면 훗날 언젠가는 응분의 보답이 있으려니.

우리는 소독실의 부속실같이 보이는 가건물 안에서 대기중이었다. 친위대원들이 나타나서 담요를 깔았다. 우리는 가지고 있는 시계며 귀금속 등 일체를 담요에다 털어 놓았다.

세상 물정을 전혀 모르는 순진한 친구들은 결혼반지나 메달이나 부적 같은 건 내놓지 않아도 되지 않느냐고 물어서 세상 물정에 밝은 친구들을 웃겨 주기도 했다. 가진 것 일체를 압수한다는 것을 모르는 모양이었다.

나는 오랜 동료였던 포로 한 사람을 붙들고 나의 속뜻을 전하고 싶어 눈치를 살피면서 그 사람 곁으로 갔다. 나의 코트 안주머니에 있는 원고 뭉치를 가리키면서 말을 꺼냈다.

"저 이건 과학서적을 낼 원고지요. 당신이 어떤 말을 할지 모르는 바는 아닙니다. 나는 생명을 건진 것만도 감사해야 하고 이 이상 운명의 호의를 기대해서는 안 되리라는 것을 잘 알고 있습니다. 그러나 어떡합니까? 어떠한 일이 있어도 이 원고만은 놓치지 않을 셈입니다. 필생의 업적인걸요. 이해해 주시죠?"

그러면 그렇지. 그 사람은 나의 마음을 이해해 주는 듯했다. 얼굴에 서서히 미소가 번져갔다. 처음엔 측은하다는 듯, 그리고 나서는 재미있다는 듯한 비웃음이 모멸적인 웃음으로, 그러다가 마침내 그의 입에서는 외마디 소리가 대답으로 터져 나왔다.

"에이 빌어먹을!"

이 말은 포로들이 사용하는 **빼놓을 수 없는** 말이었다. 그순간 나는 평범한 진리에 눈을 뜨게 되었고 수용소에 들어와서 나타내는 심리적 반응의 제1단계의 맨 첫 과정에서 필요한 행동을 해야 했다. 즉 나는 과거의 전생애를 지워 버려야 했던 것이다.

공포에 질린 창백한 얼굴을 하고서 맥없이 말을 주고 받으며 서성거리던 포로들에게 갑자기 동요의 기색이 일었다. 또 다시 목쉰 호령이 들려왔다. 우리는 얻어 맞으면서 욕실 옆 부속실로 밀려 들어갔다. 우리가 친위대원 둘레에 모여 들자 그에게서 명령이 떨어졌다.

"앞으로 2분을 주겠소. 내 시계로 시간을 잴 테니 2분 안에 모두 옷을 벗고 지닌 것은 모두 이 자리에 내 놓으시오. 신발, 혁대, 멜빵과 탈장대 말고는 다 내놓으시오. 시간을 재겠소, 자!"

모두들 헐레벌떡 옷을 벗었다. 시간이 절박하자 초조한 나머지 내의, 혁대 및 구두끈을 마구 잡아 당겼다. 그순간 회초리가 발동을 걸기 시작했다. 발가벗은 몸뚱이에 회초리가 내리 퍼붓기 시작한 것이다.

그리고 나서 우리들은 다른 방으로 끌려 가서 면도질을 당했다. 머리칼만이 아니라 온몸에 털 하나 없이 전부 밀어 버린 것이었다. 그런 다음 줄을 서서 샤워장으로 향했다. 누가 누구인지 알아 볼 수 없었다. 이런 가운데서도 정말 수돗물이 나오는 것을 보자 적이 안도의 숨을 쉬는 사람도 있었다.

샤워를 기다리는 동안 우리는 벌거숭이란 사실을 뼈저리게 느꼈다. 지금 우리에게 남은 것이라곤 털 한 오라기 없는 벌거숭이 몸뚱이뿐, 문자 그대로 우리의 재산이란 벌거벗은 목숨 하나뿐이었다. 과거의 생활과 물질적으로 연결된 것이 있다면 무엇이겠는가. 나에게 남은 것이라곤 안경과 혁대뿐이었고 그나마 혁대는 얼마 안 가서 한 조각의 빵과 교환해야 했다.

탈장대가 있는 사람들은 남들이 갖지 않는 또 다른 두려움이 기다리고 있었다. 저녁이 되자, 우리 막사 담당인 선임 포로들이 일장 연설로 우리를 맞이했다. 대들보를 가리키면서 하는 말이, 탈장대에다가 돈이나 보석 등을 감추어 둔 사람들은 자기가 직접 대들보에다 그자들의 목을 매달아 죽이겠노라 했다. 마치 큰 자랑거리나 되는 듯이 그 친구는 수용소의 선임자로서 그같은 특권이 있다고 떠벌렸다.

신발 이야기를 하자. 이것도 수월한 일은 아니었다. 신발은 지녀도 된다 했지만, 그것도 각자가 신고 있는 반반한 것은 벗어 주고 제 발에 맞지도 않는 것으로 바꿔 신어야 했다. 선임 포로들이 부속실에서 들려 준 그럴싸한 충고만을 믿고 장화의 발목을 잘라 버리고 잘린 자국을 가리기 위해서 비누칠을 한 친구들은 혼쭐이 났다. 친위대원들은 이같은 일이 생기기를 기다리고 있는 듯싶었다. 이런 일을 하다가 발각이 난 포로들은 옆방으로 연행되어 갔고 이윽고 이들을 후려치는 회초리 소리와 고문에 못 이겨 지르는 비명이 울려왔다. 상당한 시간을 끌었다.

이렇게 해서 지금껏 몇몇 사람들이 지녀 온 환상은 하나씩 하나씩 무너져 갔고 그런 다음에는 신기하게도 대개가 소름끼치는 유머 감각에 정복되어 갔다. 정말 이제는 가소로울 만큼 벌거벗은 목숨 이외에는 잃을 것이 없다는 것을 모두 다 알고 있었다. 샤워장에 들어가 물이 나오자 우리는 모두 제 몸뚱이와 남의 몸뚱이를 두고 농지거리를 하느라 열심이었다. 여하튼 정말 수돗물이 흘러나오는 것이 아니겠는가!

이상과 같은 괴이한 유머 감각 말고도 또하나의 정서가 고개를 들었다. 호기심이다. 비상한 환경에 처했을 때에 나타나는 기본적인 반응으로서 이와 같은 호기심을 나는 이전에도 체험한 적이 있다. 등반 사고로 생명에 위험을 느꼈을 때 그 급박한 순간에 나에게 찾아온 유일한 정서는 호기심이었다. 이 위기를 무사히 모면하게 될까 아니면 두개골이 쪼개지거나 다른 부상을 입을 것인가에 대한 호기심이었다.

냉혹한 호기심은 아우슈비츠에서까지 커다란 비중을 차지했고 이로 말미암아 주변 환경과 마음이 유리되어 주위 환경을 객관적으로 관조할 수 있는 힘이 생기게 되었다. 이런 경우에 이같은 정서를 가질 수 있는 것은 일종의 자가보호 수단이 되어 준다.

우리는 수용소 내 사태의 추이에 지대한 관심을 쏟았다. 예를 들면, 이같은 늦가을 추위에 샤워를 하고서 벌거벗은 채 서 있으면 어떻게 될까 하는 것이었다. 며칠이 지나는 동안에 우리들의 호기심은 경악으로 바뀌었으니 그런 일에도 불구하고 다름아닌 우리 가운데 누구 하나 감기에 걸린 사람이 없었다는 사실이었다.

새로 들어 온 포로들도 이와 비슷한 놀라운 체험을 하는 것이었다. 그 가운데서 의학도들이 제일 먼저 배울 것은, 교과서란 거짓투성이란 점이었다. 어디선가 읽은 적이 있는데 사람은 하루에 일정한 시간의 수면을 취하지 못하면 죽는다 했다. 그런데 이건 천만의 말씀이다.

어떠한 일이 있어도 나는 할 수 없노라 우겨댄 일들이 과거에 많이 있었다. 말하자면 이런이런 일을 하지 않고는 잠을 잘 수 없고, 저런 일이 생기면 세상을 살 수 없으리란 일들 말이다. 그런데 아우슈비츠에서 보낸 첫날밤은 계단식으로 된 침대에서 지냈다. 한 계단의 넓이는 가로가 6인치 반, 세로가 8인치인데, 바로 그같은 널빤지 위에서 9사람이 함께 잤던 것이다. 9사람을 단위로 배당된 담요는 고작 두 장. 물어 볼 것 없이 우리는 가로 누워서 비좁은 채 서로 몸을 비비고 잤다. 날씨가 지독히 추웠던 탓이기도 했다. 잠자리에 신발을 가지고 가지 못하게 되었는데도 개중에는 흙이 더덕더덕 붙은 신발을 몰래 들고 와서 베개로 삼은 친구들도 있었다. 그것도 아니라면 뼈마디가 드러날 지경인 팔목을 베개로 삼지 않으면 안 되었다. 그런 가운데에서도 잠은 왔고, 망각을 가져와서 몇 시간 동안이나마 괴로움으로부터 해방되었던 것이다.

다음에 나는 인간이 견뎌 낼 수 있는 한계에 관해서 몇 가지 유사한 체험을 들어 보려 한다.

이를 닦을 겨를이 없었고 심한 비타민 결핍증세에도 우리는 과거 어느 때보다 건강한 잇몸을 유지했다. 반년 동안이나 갈아 입지 않은 채, 모양마저 알아보기 힘들 정도로 된 셔츠 한 벌을 줄기차게 걸치고 다녔고, 얼어붙은 수도 파이프 때문에 며칠 동안 계속 몸에 물한 방울 묻힐 수 없는 지경에, 흙 묻은 손으로 일을 하다가 손에 상처나 찰상이 나도 곪지를 않았다(동상에 걸린 경우는 예외이고). 뿐만 아니라 옆방에서 조그만 소리만 나도 잠을 못 이루었던 사람도, 자기 옆에서 코를 고는 동료의 몸에 제 몸을 갖다 대고 세상 모르고 곤한 잠을 자는 것이었다.

만약 누가 묻기를 "도스토예프스키는 인간이란 어느 환경에나 적응할 수 있는 동물이라 정의했는데 그 말을 어떻게 생각하느냐?"고 물으면 우리는 다음과 같이 대답하리라.

"그렇습니다. 인간이란 어떤 환경에도 적응이 가능합니다. 하지만 그 방법은 묻지 말아 주십시요."

현대의 심리학은 이 단계까지는 규명을 하지 않았다. 또 우리들 포로 역시 그와 같은 상황에까지는 이르지 않고 있다. 우리의 위치는 아직 심리적 반응의 제1단계에 처하고 있기 때문이다.

자살하겠다는 생각을 거의 누구나, 순간일망정 품어 보지 않은 사람은 없었다. 이것은 절망적인 상황의 산물이며 매일 시시각각으로 밀어닥친 죽음에 대한 위험의 산물이고 또 수없이 많은 동료들이 겪은 절박한 죽음이 안겨다 준 산물이기도 했다.

나중에 이야기하겠지만 나는 나대로의 신념이 있어서 내가 수용소에 당도한 첫날 저녁 나 스스로에게 약속한 바가 있었다. 철조망에 몸을 던지지 않겠노라고. 이 말은 수용소 안에서 가장 널리 알려진 자살 수단을 두고 하는 말이다. 왜냐하면 전류가 통하는 철조망에 몸을 던지는 것은 가장 용이한 자살 방법이기 때문이다. 내가 이상과 같은 결심을 하게 된 것은 그다지 힘든 일은 아니었다. 왜냐하면 포로들의 평균 수명은 객관적으로 계산하고 또 좋은 조건을 다 감안한다 하더라도 형편이 없어서 자살을 한다는 것은 무의미한 일이기 때문이었다.

수많은 선택의 관문을 통과하여 목숨을 부지하는 극소수 중 하나가 될 수 있다는 확신을 가진 사람이란 하나도 없었다. 아우슈비츠의 포로들은 제1단계의 충격을 당하자 죽음을 두려워하지 않게 되었다. 처음 며칠만 지나고 나면 가스처형실마저도 공포의 대상이 되지 못한다. 그러니까 결국 자살은 삼가게 되는 것이다.

뒤에 알게 된 친구들이 입소 당시 나는 충격으로 기백을 잃은 사람같이 보이지 않더라고 들려 주었다. 이들 말에 나는 그냥 미소로 대했다. 진심에서 우러나오는 미소로.

그런데 우리가 아우슈비츠에서 첫날밤을 지낸 바로

다음날 아침에 다음과 같은 에피소드가 생겼다. 각자 제 구역을 이탈하지 말라는 준엄한 명령이 내렸는데도 우리보다 몇 주일 전에 아우슈비츠에 당도한 동료 하나가 우리들 막사로 몰래 들어왔다. 그는 우리에게 안심과 위안을 줄 겸 몇 가지 사항을 전달해 주고 싶어서 들어온 것이었다. 그 사람은 어찌나 여위었는지 처음에는 그가 누구인지 알아 볼 수가 없었다. 유머를 구사하면서, 그리고 태연한 모습으로 그는 우리에게 몇 가지 급보를 알려 주었다. 그가 말했다.

"겁내지들 마시오. 선택에 임해서도요. M 의사(친위대 의료 소장)는 의사 출신들에겐 호감을 가지고 있지요."

이것은 잘못 본 견해였다. 같은 막사에 있는 동료 포로이며 막사 담당의사였던 60살쯤 된 사람이 나한테 들려 준 이야기로는 가스처형실로 끌려가는 제 자식을 살려달라고 애원했지만 M 의사는 자기의 눈물겨운 청을 한마디로 냉정히 거절했다는 것이었다.

우리를 위해서 찾아온 친구는 계속해서 말했다.

"그러나 꼭 한 가지 당부하고 싶은 일이 있습니다. 할 수만 있으면 매일같이 면도를 하시오. 면도칼이 없으니 유리 조각을 대용해서라도 말입니다. 그 유리 조각 하나를 구하기 위해 마지막 남은 빵 한 조각과 바꿔서라도 말이지요. 면도를 하면 더 젊어 보일 테고, 긁힌 자국 때문에 얼굴에 핏기가 있어 보일 게 아니겠소? 죽지 않고 살아 있고 싶거든 오직 한 가지 일! 노동에 적극성을 보이도록 몸을 가꾸는 일일 뿐입니다. 혹시 발등에 물집이라도 생겨서 여러분이 발을 저는 경우가 생겨 이것이 친위대원의 눈에 띄게 되면, 친위대원은 그런 사람을 추려내서 다음날 가스처형실 신세가 되는 것입니다.

여기서 통용하는 '회교도인'이란 뜻을 알고 계십니까? 병이 들어 쇠약해져서 도저히 고된 육체적 노동을 감당해 낼 수 없는 사람을 두고 회교도인이라 부르고 있습니다. 조만간에, 아니 부지불식간에 회교도인이란 낙인만 찍히게 되면 누구나 다 가스처형실로 직행하는 겁니다. 그러니 꼭 마음에 새겨두어야 할 일은 면도를 하는 일이며, 힘차게 걸어다니기만 하면 가스처형실은 겁낼 필요가 없습니다. 여기에 계신 분들은 오신 지 하루밖에 안 되었으니 가스처형실을 겁낼 필요는 없을 것 같소마는 저기 서 계신 분은 예외이겠는데요."

이렇게 말하고서 그 친구는 나를 향해서 덧붙였다.

"저의 솔직한 마음을 잘 이해해 주십시오."

그리고 나서 그는 다른 포로들을 향해서 되풀이하는 것이었다.

"여기에 계신 분들 가운데는 저분 한 사람 이외는 걸려 들 사람이 없는 것 같으니 안심들 하시오."

나는 그냥 웃을 수밖에 별도리가 없었다. 누구나 나 같은 처지였다면 웃어 넘기는 일 외에 무슨 도리가 있었겠는가.

"사람에겐 이성을 잃게 하는 일과 이성을 잃지 않게 하는 일이 있다."고 말한 것은 레싱이었다. 비정상적인 환경에서 비정상적인 반응을 일으키는 것은 정상적인 행위가 된다. 정신병 의학자들까지도 비정상적인 환경에 처하면―정신병원 신세를 지게 되는 경우처럼, 사람이란 자기의 정상적인 상태에 비례해서 비정상적인 반응이 나타나기를 기대한다. 포로수용소에 들어온 사람들의 반응 역시 비정상적인 정신상태를 나타내고 이를 객관적으로 볼 때에, 이것은 후에도 밝히겠지만 주어진 여건 밑에서 정상적이고 전형적인 반응이 된다 하겠다. 지금까지 기술한 이상과 같은 반응은 며칠이 지나면 변화한다. 이무렵에 포로들은 제1단계에서 제2단계로 옮겨 가는 것이다. 제2단계에는 비교적 무감각 상태가 찾아오는데 이 단계의 포로들은 일종의 정서적 자멸에 이른다.

 이미 기술한 반응 이외에도 신입 포로들은 고문이란 뼈아픈 과정을 겪게 되는데 이같은 비통한 정서를 마비시키느라고 포로들은 무진 노력을 한다. 우선 포로들에게는 고향과 가족에 대한 그리움이 찾아온다. 향수와 그리운 정이 지나쳐서 때로는 병이 나기도 한다. 그 다음에 찾아드는 것은 지겨운 생각이다. 주변의 온갖 추한 것에, 심지어는 순전한 외양적인 면에도 넌더리를 내게 된다.

 대부분의 포로들은 남루한 옷을 지급받는데 그 꼬락서니는 허수아비를 무색케 할 정도다. 수용소 안 막사와 막사 사이에는 똥오줌이 범벅이 되어 있는데, 그 오물을 씻어내려고 하면 할수록 오물이 몸에 붙는다. 신입생이란 으레 변소나 하수구 청소를 떠맡게 마련이다. 그러나 흔히 있는 일이지만, 오물을 퍼서 울퉁불퉁한 들판에다 옮기는 도중 오물이 튀겨서 얼굴에 묻었을 때 이것을 지겹게 생각한다거나 오물을 얼굴에서 닦아 내다가는 카포들한테 주먹 다짐을 면할 길이 없게 된다. 이래서 정상적인 반응은 뜻하지 않는 분노를 가져다 준다.

 처음에는 다른 그룹이 기합을 받는 것을 보면 외면을 한다. 몇 시간을 두고 동료들이 구타를 당하면서 진흙

탕 속을 행진하는 것을 차마 볼 수 없어 외면을 하는 것이다. 그러나 며칠이 가고 몇 주일이 지나면 사정이 달라지게 마련이다.

아직 어둠이 가시지 않은 이른 새벽에 포로들은 분대를 이루어 행진 준비를 한다. 그때 비명이 들린다. 동료가 얻어 맞아 쓰러지고, 또 질질 끌려서 다시 픽 쓰러지고 만다. 왜 저 꼴을 당하게 된 것일까. 그 친구는 신열이 나서 병동에 출두하는 시간을 잘못 잡은 탓이었다. 그 친구가 이같이 벌을 당하는 것은 자기의 할일을 모면할 생각으로 규칙에 어긋나는 짓을 했다는 것이었다.

그러나 심리적 반응의 제2단계에 접어든 포로들은 이같은 일을 당해도 눈길을 피하는 법이 없다. 제2단계에 이르면 포로들의 정서는 무디어져서 무슨 일을 봐도 냉담하게 지켜 볼 따름이다.

또 하나의 예를 들어 본다. 포로들은 상처를 입거나 부종이나 신열 때문에 병동에 찾아와서 이틀 동안만 수용소 안에서 하는 가벼운 일을 시켜 달라는 희망을 가지고 기다리는 것이 다름아닌 자신인 것을 알게 된다.

열두 살 난 소년이 몇 시간 계속해서 눈 속에서 차려 자세로 서서 기합을 받다가, 아니면 신발이 부족한 수용소 사정으로 그냥 맨발로 들에서 일을 하다가 병동으로 실려온 것을 목격하고도 무감각한 채 서 있을 뿐이다. 이 소년의 발가락은 동상에 걸려서 당직의사가 족집게로 부패 조직을 하나씩 집어냈다.

이를 지켜보는 포로에게 혐오, 공포, 연민의 정서는 전혀 남의 것이 되고 만다. 괴로워하는 사람이며 빈사 상태의 사람과 죽은 사람들! 이상과 같은 일은 몇 주일만 수용소에서 보내면 너무나 흔한 일이 되어서 포로들은 아무런 정서의 변화를 받지 않는다.

나는 발진티푸스 환자들을 위해서 한 막사에서 얼마 동안을 보낸 적이 있었다. 환자들은 무섭게 열이 올랐고 헛소리를 하며 거의가 산송장이었다. 그 중 한 사람이 숨을 거둔 뒤에도 아무런 정서의 동요를 느끼지 않고 계속 발생하는 죽음을 태연히 지켜보고 있었다.

포로들은 하나씩 하나씩 아직 체온도 식지 않은 시체에게로 다가와서 환자가 먹다 남은 지저분한 감자 찌꺼기를 그러잡는가 하면, 죽은 환자의 신발이 자기의 신발보다는 낫다고 생각한 나머지 제 신발과 바꿔치기하는 자가 있는가 하면, 또 어떤 자는 시체의 윗도리를 바꾸어 입기도 하고 또 어떤 자는 노끈 하나를 얻게 된 것을 흐뭇하게 여기기도 했다. 참 기막힌 일이었다.

이 모든 일을 나는 아무런 관심 없이 지켜보고 있었

다. 마침내 병동 보조원에게 시체를 치우도록 부탁했다. 보조원은 시체의 다리를 붙잡아서 50명의 발진티푸스 환자가 누워 있는 두 줄의 널빤지 사이에 난 골마루로 질질 끌고 가서 고르지 않은 땅바닥을 지나 문 쪽으로 옮겨갔다. 바깥으로 나가는데는 두 개의 계단이 항상 골칫거리였는데 만성적인 식량 부족 때문에 모두 몸이 말을 듣지 않았다.

몇 달 동안 수용소 신세를 지고 나면, 반 척 높이밖에 안 되는 이 층계를 걸어 올라가는 데도 문설주에다 손을 얹고 제 몸을 부축해야만 했다.

시체를 끌고 간 보조원은, 층계에 이르자 피곤에 지친 나머지 제 몸을 겨우 가누어 올린 다음에야 시체를 끌어 당겼다. 먼저 시체의 발을 치켜 올린 다음 몸뚱이를 끌어, 마지막에는 기분 나쁜 소리가 서걱이고 시체의 머리가 두 층계에 부딪히는 소리가 났다.

나는 그 막사의 맞은편 마룻바닥 가까이에 있는 작은 창문 옆에 있었다. 찬손으로 뜨거운 수프 그릇을 움켜쥐고서 걸신들린 듯 수프를 마시면서 나는 우연히 창밖을 내다보았다. 방금 전에 처치된 시체가 빛깔 없는 눈매로 나를 노려보고 있었다. 두 시간 전만 해도 나는 이 사람과 이야기를 주고받지 않았던가! 나는 태연히 수프만을 훌쩍이고 있었다.

만약 직업적 의식에서, 나의 정서의 결핍을 대하고도 내가 놀라지 않았더라면 지금까지 이 사건을 기억하지는 못하리라. 왜냐하면 이 일에는 조금도 감정이 개입되지 않았기 때문이다.

어떤 일에도 아무런 관심을 보이지 않게 되는 이른바 정서와 감정이 둔화되는 무감각은 포로들에게 일어나는 심리적 반응의 제2단계 증상인데, 이 단계에 이르면 포로들은 매일매일 그리고 시시각각으로 일어나는 구타 사건을 보고도 아무런 감정도 갖지 않게 된다. 이같은 무감각한 방법으로 포로들은 머지않아 자기 보호에 필요한 의복을 걸친다.

사소한 일에도 구타 사건이 발생하고, 때로는 아무런 까닭도 없이 일어났다.

한번은 우리가 작업장에서 빵 배급을 받으려고 줄을 서서 기다리고 있을 때였다. 내 뒤에 선 사람이 한쪽으로 약간 비켜서는 통에 줄이 좀 틀어졌는데 그것이 친위대원의 비위에 거슬리게 되었다. 내 뒤에서 어떤 일이 벌어지고 있었는지 친위대원이 무슨 생각을 하고 있었는지 나는 알 바가 없었다. 한데 갑자기 누군가가 내 머리를 세차게 두 번이나 때리지 않겠는가! 알고 보니 친위대원이 와서 나를 막대기로 내리치는 것이었다. 이같은 경우를 당하면 어린이는 물론 어른에게도 제일 분한 일은 육체적인 고통이 아니라, 아무런 이유 없이 부당한 처사가 몰고 온 정신적인 고통인 것이다. 구타를 당할 때는 당사자 아닌 엉뚱한 사람이 피해를 입었을 경우가 더 비통한 일이다.

눈보라가 휘몰아치는데 나는 철로에 서 있었다. 험한 날씨를 아랑곳하지 않고 우리 일행은 작업을 계속해야 했다. 자갈을 실어 나르면서 철로 복구 작업에 열중하고 있었다. 추위를 이기는 일이란 그밖에 다른 도리가 없었다. 그때 잠깐 숨이나 돌리려고 멈춰서서 삽자루에다 몸을 기댄 적이 있었다. 하필 그순간에 감시원이 나를 보고서 게으름을 피우는 줄 알았던 모양이었다.

그 감시원이 나에게 준 괴로움이란 모욕이나 구타 같은 것이 아니었다. 그는 누더기를 걸치고서 초라하게 자기 앞에 서 있는 한 개의 형체를 대하고, 아무런 말도, 심지어는 욕지거리도 할 값어치가 없는 것으로 생각했으리라. 이 초라한 형체는 그에게 어슴프레 인간의 형상을 상기시켜 줄 정도였던 것 같다. 그래서인지 그는 멋대로 돌멩이 하나를 주워서 나에게 던졌다. 마치 짐승의 시선을 모으려는 듯한, 아니면 가축더러 제 자리에 돌아가라는 듯한 몸짓을 하였다. 그 짐승과 자기와는 너무나 별개의 존재이기 때문에 구타할 필요조차 없다는 뜻이다.

 구타를 당할 때에 제일 괴로운 일은, 구타보다는 구타에 동반해 오는 모욕이다. 언젠가 우리는 빙판이 깔린 길로 기다란 무거운 도리를 운반하고 있었다. 한 사람이 넘어진다면 넘어진 당사자는 물론, 다른 사람들까지 다함께 위험이 따르게 되어 있었다. 나와 오랫동안 사귀어온 친구 가운데 둔부에 선천적인 탈골이 된 사람이 있었다. 그는 불구인데도 노동을 할 수 있는 것을 행운으로 여겼다. 왜냐하면 신체적인 불구자는 선택 과정에서 영락없이 죽음으로 끌려가기 때문이었다. 유달리 무거운 도리를 메고 그는 절름거리면서 길을걸어 가다가 하마터면 넘어져서 다른 사람까지 쓰러뜨릴 뻔했다. 그때 나는 직접 도리를 운반하는 몸이 아니었기 때문에 당장에 몸을 날려서 그를 돕고자 했다. 그순간 누가 내 등을 냅다 갈기는 것이 아닌가. 당치도 않은 질책을 하더니 내 자리로 돌아가라는 엄명을 내렸다. 바로 몇 분 전까지만 해도 나를 구타한 이 감시원은, 우리를 짐승처럼 몰아치면서 동료애도 없다고 욕설을 퍼부었던 자가 아니었던가!

언젠가 우리는 산림지대에서 영하 20도의 혹한을 무릅쓰고 배수관을 설치하기 위해 꽁꽁 언 땅을 파헤치기 시작했다. 그무렵 나의 몸은 상당히 여위어 있었다. 그 순간 얼굴이 불그스름하고 살이 찐 작업 감독이 다가왔다. 그의 얼굴은 꼭 돼지 머리 같았다. 날씨가 추웠기 때문에 그는 따뜻한 장갑을 두텁게 끼고서 잠시 동안 말없이 나를 지켜 보고 있는 것이었다. 나는 산통이 깨졌구나 생각했다. 왜냐하면 내 앞에 파올린 흙더미로 봐서 나의 작업량이 대단치 않다는 것을 알 수 있었기 때문이었다.

급기야 이 감독이 말문을 열었다.

"야, 새끼야, 지금껏 네 꼬락서니를 지켜 보았어. 일하는 버릇을 고쳐 주어야겠다. 능청 부리다가, 네 이빨로 땅을 파다가 개새끼같이 뒈져라. 내일모레면 이놈 새끼 요절을 내고 말테다. 생전에 일이라곤 해보지 않은 새끼로구나. 뭘하고 살아 먹었나. 돼지 같은 새끼야! 장사치였나?"

나는 전혀 상관하지 않았지만 나를 처치해 버리겠다는 협박은 가볍게 넘겨 버릴 수가 없었다. 그래서 나는 몸을 곧 바로 세우고 그의 눈을 똑바로 쳐다보면서 대답했다.

"의사였습니다."

"뭐! 의사였다고? 남의 돈깨나 긁어 먹었겠군!"

"사실, 나는 대개 빈민을 위해서 무료 봉사를 했지요."

나는 쓸데없이 말을 많이 한 꼴이 되고 말았나 보다 하는데 감독이 나한테 달려들더니 미치광이처럼 고래고래 악을 쓰면서 내리갈기는 것이 아니겠는가. 그 사람이 뭐라고 발악을 했는지 지금은 기억도 안 난다.

내가 별로 대수롭지 않은 이야기를 들고 나온 이유는 아무리 감각이 무디어진 포로라 할지라도 한번 분통이 터지면 가만히 있지 않는다는 것을 보여 주고 싶었다. 잔학한 행동이나 고통에 대한 분노가 아니라 잔학과 고통에 수반하는 모멸감 때문에 일어나는 분노인 것이다. 나의 생활을 티끌만큼도 모르는 자가 나의 인생을 이러쿵저러쿵 시비하고 나서는 것을 듣고 있으려니 머리에 피가 솟구치는 것 같았다.

"생김새는 저속하기 이를 데 없고 짐승같이 생겨 먹어서, 내가 있던 병원의 외래환자 병동에 있는 간호사가 보더라도 대기실에 들여 놓지 않았을 그런 위인한테 말이다."

나는 고백한다. 아까 수모를 당하고 나서 동료들한테

위와 같은, 분풀이 하는 말을 들려 주고 나니 어린애같이 마음이 풀리더라는 사실을 말이다.

다행히 내가 속해 있는 작업반 담당의 카포는 나에게 신세를 지고 있었다. 그가 나에게 호감을 가지게 된 것은 그의 여자 이야기와 부부간의 갈등을 내가 귀담아 들어 주었기 때문이다. 이 카포는 작업장까지 이르는 긴 행진 동안에 자기의 고충담을 쏟아 놓은 것이었다.

그의 성격을 진단해 주고 심리요법적인 조언을 해준 대가로 그는 나에게 호의를 베풀었고 이런 일이 있은 후에는 나를 고맙게 생각했다. 덕분에 나에게도 도움이 되었다. 2백8십 명의 포로가 줄을 짓게 되는데 그는 앞에서부터 다섯번째 줄 안으로 내 자리를 마련해 놓고 나를 자기 옆에 있게 했다. 이것은 커다란 혜택이 아닐 수 없었다.

포로들은 아직 먼동이 트기 전에 줄을 짓고 서 있어야 했다. 누구나 늦어서 뒷줄에 처질까봐 겁을 먹었다. 궂은 일이나 험상한 일이 생기게 되면 선임 카포는 필요한 인원을 으레껏 뒷줄에서부터 차출해 갔다. 이렇게 차출당한 사람들은 다른 곳으로 옮겨져서 낯선 감시원들의 호령을 받으며 무시무시한 일을 맡게 된다. 카포는 가끔 가다가는 약삭빠른 자들을 골라잡느라고 앞줄

다섯번째까지의 인원을 뽑아가기도 했다. 혹시 항의나 애원이 있을 때면 몇 번의 발길질로 잔잔하게 만든다. 여기서 걸려든 자는 매질과 불호령을 받으며 집결소까지 끌려가는 것이었다.

그러나 우리 작업반 책임자인 카포가 자기의 심정을 토로할 필요를 느낄 때까지는, 그러한 일은 적어도 나에게는 일어나지 않을 것이었다. 나에겐 그의 곁에 영예의 자리가 보장되어 있었다. 이밖에 나에겐 또 하나의 유리한 점이 있었다. 포로들이라면 대개가 당하는 일이지만 나도 부증으로 고생을 하고 있었다. 발은 부을 대로 부었고 부은 언저리의 피부가 빳빳하게 굳어서 무릎조차 마음대로 굽힐 수 없는 처지였다. 발이 부었기 때문에 신발에 끈을 동여매지 않은 채 두었고, 양말이 있다 하더라도 신을 수가 없었다. 그래서 맨발이나 다름없는 내 발은 늘상 젖어 있었고 신발에는 언제나 눈이 가득 차 있었다. 이렇게 해서 나는 동상에 걸렸고, 한 발자국 떼는 것이 굉장한 고통이었다.

우리가 눈쌓인 들판을 걸어가는 동안에 신발 위에는 얼음덩이가 굳어지고, 포로들은 연방 미끄러져서 뒤따라오던 사람들은 앞 사람한테 걸려 넘어졌다. 그렇게 되면 자연히 대열은 멈추게 되고 이때 감시원이 날쌔게 쫓아

와서는, 넘어진 사람들을 개머리판으로 쳐서 일으켜 세웠다. 그러니까 대열의 선두에 서 있을수록 행진이 정지되었을 때에 앞 사람과의 거리를 메우느라 아픈 발로 뛰어야 하는 번잡을 피할 수가 있었다. 카포 각하의 친의(親醫)로서 선두에 서서 힘 안 드는 발걸음으로 행진할 수 있다는 게 얼마나 다행한 일인지 모른다.

내가 베푼 호의의 대가는 이밖에도 또 있었다. 점심 시간이 되어 작업장에서 수프가 나오는 날에는 내 차례가 되면 그는 국자를 수프 통 밑바닥 깊숙이 집어 넣어서 몇 알맹이의 콩을 건져 주곤 했다. 전직 육군 장교 출신이었던 이 카포는 전에 나와 말다툼을 한 적이 있었던 감독에게 내가 모범 일꾼이라 귀띔을 해주기도 했다.

그렇게 해준 것이 큰 도움은 되지 않았다 하더라도, 그는 나의 생명을 구하려고 애를 써주었다. 여러 차례 겪은 생명의 위해 가운데 한 번은 그의 덕분으로 구제되었다. 조장과의 불미한 일이 있은 뒤 그는 나를 몰래 빼돌려서 다른 데로 옮겨 주었던 것이다.

작업감독 가운데는 우리를 동정해서 우리의 처지―적어도 건축공사장에서는―를 개선해 주려는 사람도 있었다. 그러나 이들도 일반노동자가 우리보다 작업 능률이 월등하게 낫다고들 했다. 우리가 그네들 사정과 우리의 사정을 비교해 주면 그런대로 수긍은 했다.

매일 우리가 섭취하는 음식은 빵 10온스(명목상 그렇고 실제로는 그 이하)와 묽은 수프 1파인트가 고작이고, 일반노동자가 겪지 못하는 정신적 긴장이 곁들여 있는가 하면, 또 가족을 두고 생각해 봐도, 다른 곳에 있는 수용소에 가서 우리와 같은 신세가 되어 있는지 아니면 가스처형실의 제물이 되었는지 알 길이 없을 뿐만 아니라, 일반노동자는 날이면 날 또 시시각각으로 달려드는 죽음의 위협을 느끼지 않는다는 것이다.

나는 언젠가 인정미 있는 감독을 만났기에 이렇게 말한 적이 있었다.

"만약 내가 도로 공사를 당신한테 배운 시간에, 당신이 나한테 뇌수술을 배울 수 있다면 당신을 존경하지요."

그는 이 말을 듣고 그저 빙그레 웃었다.


제2단계의 중요한 증상인 무감각은 필요한 자기 방위 수단이 된다. 현실은 아득히 먼 곳에 있고 자신의 생명과 동료의 생명을 보존하는 데만 온갖 노력과 정성을 모으고 있는 것이다. 날이 저물어 공사장에서 다시금 수용소로 돌아올 때 포로들은 서로 안도의 숨을 내쉬면서

"참 오늘도 무사히 지났구려"란 한 마디를 잊지 않았다.

이상과 같은 긴장 상태는 생명 보존을 위한 끊임없는 노력과 함께 포로들의 정신적인 생활을 원시적 수준으로 저하시키고 만다. 정신분석에 대한 지식이 있는 사람들은 수용소에서 포로들의 '퇴행'에 대해 가끔 이야기를 나누었다. 정신생활에서 원시적인 형태로 뒷걸음질치는 현상을 두고 하는 말이다. 포로들의 소원이나 욕구는 그들의 꿈 속에서 드러나게 마련이었다.

포로들이 가장 빈번하게 꿈을 꾸는 것은 빵, 케이크, 담배 또는 온수 목욕이었다. 이러한 단순한 욕구를 현실에서 충족시키지 못하기 때문에 꿈 속에서 얻으려는 것이었다. 이런 꿈이 포로들에게 이로운 것인지 어떤지는 별개의 문제다. 꿈에서 깨어나면 다시 수용소 생활이란 현실로 돌아오고, 현실과 꿈 속의 환상과의 거리에서 눈이 뜨인다.

잊을 수 없는 일이 있다.

어느 날 밤이었다. 나는 한 동료의 신음소리를 듣고 깨어났던 적이 있었다. 잠자면서 몸을 흔드는 것으로 보아 무서운 악몽을 꾸고 있었던 게 분명했다. 나는 평소 악몽을 꾸며 헛소리하는 사람들을 딱하게 여기어 오던 터라, 이 친구를 깨우려고 했다. 그러다가 별안간 나는 그를 깨우려던 손을 멈추어 버렸다. 내가 덤비는 일에 오히려 더 겁이 났던 것이다. 그순간 내가 절실히 느낀 것은 꿈이 아무리 고약하더라도 우리가 처한 현실과는 비교도 되지 않는다는 것이다. 나는 이러한 사실을 그에게 일깨워 주고 싶었다.

포로들은 과도한 영양 실조 때문에 음식에 대한 욕구가 그들의 정신생활에 중요한 원시적 본능을 이루고 있다는 것은 당연한 일이다. 감시가 소홀한 경우 두 사람이 인접해서 작업을 할 경우 이들 사이에 오고 가는 이야기를 들어보기로 하자.

제일 먼저 튀어나오는 말은 먹을 것 이야기다. 도랑을 나란히 파면서 한 친구가 옆 친구한테 무슨 음식을 제일 좋아하느냐고 묻기도 하고, 그리고 나서는 각자가 즐기는 음식 이름을 주고받기도 하며, 먼 훗날 석방이 되어 귀향해서 다시 만날 날을 위해 서로 식단을 짜기도 한다. 이같이 세상가는 줄 모르고 이야기 꽃을 피우고 있을 때 갑자기 '주의'라는 신호가 전달된다. 이 말은 특별한 번호나 암호로 통해 오는데 '감시원이다'란 뜻이다.

나는 음식 이야기를 하는 것은 늘 위험한 일이라고 보아 왔다. 극소량의 양과 칼로리에 어렵게 적응해 온

인체 조직에다, 구체적이고 사실과 다름 없는 듯하게 꾸며놓은 진수성찬으로 자극을 준다는 게 온당한 일인가. 이것은 순간적으로 심리적인 위안을 가져다 줄지는 모르지만, 심리학적으로 볼 때 필연적으로 위험스러운 환영인 것이다.

포로 생활 후반기에 접어 들면 음식량은 하루에 한 번씩 묽은 수프와 변함없는 소량의 빵이 고작이다. 이것 말고도 소위 '특별 수당'이란 것이 있는데 그것은 4분의 3온스의 마가린이나 저질의 소시지 한 조각, 아니면 작은 치즈 조각, 극소량의 합성 꿀, 묽은 잼 한 숟가락, 그 중 한 가지가 매일 번갈아 나왔다.

칼로리로 볼 때 이런 식사는 절대적으로 불량했다. 특히 우리가 감당하는 중노동과 허술한 옷으로 계속 추위에 떨어야 하는 사실을 감안한다면 말이다. '특별 간호'라는 명목으로 공사장으로 나가지 않고 막사에서 누워 있는 환자들의 음식량 형편은 더욱 말이 아니었다.

피하지방층이 다 없어지고 나면 우리들의 모습은 가죽과 거적만을 걸쳐 입혀 놓은 해골 같았다. 우리의 생체조직이 스스로의 조직을 먹어 들어가고 있는 것을 우리는 지켜보고 있을 수밖에 없었다. 생체조직은 조직 속에 배어 있는 단백질을 흡수해 갔다. 살은 빠지고 여

위기 시작했다. 그러고 나면 신체는 저항력을 상실하고 만다. 같은 막사에서 생활하는 동료들은 하나씩 하나씩 죽어 갔다. 다음은 누구 차례가 될 것이며 또 자기 차례는 언제가 될 것인가를 누구나 계산할 수 있었고 그 계산은 꽤 정확했다. 여러번의 관찰을 통해서 사망의 증상을 알게 되었으며 이로 인해서 정확한 진단을 내릴 수 있게 된 것이다.

"저 친구 멀지 않았군."

"다음은 이 친구 차례야!"

이렇게들 우리는 소곤거렸다.

매일 이 잡는 시간이 오면 각자는 자기의 벌거벗은 몸뚱이를 보고서 모두 한결같은 생각을 하는 것이었다.

"바로 이 몸뚱이는 이미 산송장이구나. 내가 왜 이렇게 되었을까? 흙막사〔土幕舍〕에 빽빽이 차서 저 철조망 안에서 웅크리고 있는 큰 살덩이 가운데 한 줌의 살덩이밖에 안 되다니! 이 큰 살덩이 가운데 생명 없는 부분들이 이처럼 썩어가고 있다니!"

포로들에게 시간 여유만 생기면 음식 생각, 좋아하는 음식 생각이 그들의 의식 속에 강하게 침투해 온다는 것은 앞에서 이야기했다. 아무리 강한 사람이라 하더라도 근사한 음식 한번 먹어볼 수 있는 때를 벼르고 있었다. 이런 생각은 좋은 음식 그 자체 때문이 아니라, 그 밖의 것은 생각할 여지가 없는 이 인간 이하의 신세가 언젠가는 종식되리라는 것을 확인하기 위한 것이기 때문에 동정이 간다.

이와 같은 체험이 없는 사람이란 배고픈 사람이 겪는 영혼을 파멸시키는 정신적 갈등과 의지력의 상충을 별로 생각할 수 없을 것이다. 말하자면 참호 속에서 땅을 파면서 오로지 빵 배급이 나오는 시간을 알리는 사이렌 소리만을 기다리는 그 뜻을 감히 파악할 수 없다는 뜻이다.

감독이 악독한 친구가 아니라면 그에게 몇 번이고 시간을 물어 보면서 윗도리 호주머니 속에 넣어 둔 한 개의 빵조각을 그리운 듯 만지작거리는 일! 처음엔 장갑을 끼지 않아 언 손끝으로 매만지다가 조각을 하나 떼어 입에다 갖다 넣고서 최후의 의지력을 짜서 나머지는 다시 호주머니 안에 넣어 두고 오후까지 버티어 가겠노라 스스로 다짐하는 그런 의미를 이해하기 어렵다는 것이다.

수용소 생활 후반기에 접어들면서부터 하루에 한 번씩 배급되는 이 소량의 빵을 어떻게 먹느냐에 관해서 여러 가지 방도가 있다. 대체로 두 가지로 나누어서 생각해 보면, 한 가지는 배급받는 그 즉시 먹어 치우는 일이다. 이런 경우에는 두 가지 이점이 있다. 하루에 최소한 한 번씩은 찾아오는 뼈저린 배고픔을 면할 수 있으며 또 하나는 빵을 분실하거나 도둑맞을 위험이 없다는 것이다. 두번째 방법은 배급된 빵을 여러 차례 나누어 먹는 일인데 이 방법을 따르는 사람은 그들 나름대로의 논리가 있었다. 나는 결국 후자의 편을 들기로 했다.

수용소 생활 하루 24시간 동안에 가장 어려운 시간은 '비상점호'가 걸릴 때다. 한밤중에 갑자기 울려오는 날카로운 호루라기 소리가 세 번 울리면 곤히 잠에 취해 있다가도, 꿈 속에서 그리움을 달래다가도 용서 없이 눈을 비비고 일어나야만 했다. 그리고 발에는 부종이 나서 붓고 아파서 잘 들어가지도 않는 젖은 신발을 신느라고 야단을 피워야 했다. 철사로 된 끄나풀이 끊어졌다는 등 사소한 말썽으로 끙끙 앓는 소리가 나오기도 한다. 내가 알기에는 위엄도 있고 남성다운 패기도 있는 사람이 한 사람 있었다. 그러나 그도 신발을 신을 수 없어서 그냥 맨발로 눈길을 걷게 되자, 어린애처럼 엉엉 울어 버리는 것이었다. 이런 비참한 순간이 오면 나는 호주머니에 간직해 둔 빵 조각을 꺼내어 입에다 물고서 넋 잃은 듯 아작거리는 것으로 유일한 낙을 삼기도 했다.

 영양 실조로 인해 모두들 먹을 것 생각만 하는 것은 성욕이 배제되는 원인이 된다.
 초기의 충격 여파는 차치하고라도, 성욕 부재의 현상은 남성 수용소에서는 으레 관찰할 수 있는 바다. 다시 말해서 군대 막사 같은 남성만을 수용하는 곳에서는 성적 도착이란 게 없다. 포로들의 좌절감과 섬세하고 고차적인 정서는 꿈 속에 나타나게 되지만, 성에 관한 것은 꿈 속에조차 나타나지 않는다.
 대개의 경우 포로들은 원시적인 생활 때문에, 또 오직 목숨만을 건져 보겠다는데 혈안이 되어 있기 때문에, 이런 급박한 목적에 맞지 않은 일에는 전혀 무관심해지고 급기야는 완전한 정서결핍 현상을 빚어내게 된다. 이러한 현상은 내가 아우슈비츠에서 '다카우' 산하에 있는 어느 수용소로 옮겨 가는 도중에 절실하게 드러났다.
 우리들 포로 2천 명을 태운 기차는 빈을 통과하고 있었다. 한밤중에 우리는 빈에 있는 역 하나를 지나고 있었다. 기차는 내 고향의 거리, 포로의 몸이 되기 전까지 오랫동안 정들어 살았던 나의 집앞을 지나가고 있었다.

내가 탄 찻간에는 50명의 포로들이 있었다. 이 찻간에는 철책으로 된 두 개의 작은 틈바구니가 나 있었다. 어찌나 비좁든지 한 패거리는 웅크리고 앉았고 나머지 사람은 몇 시간 동안을 그냥 선 채 틈바구니 주위에 몰려 있었다. 나는 발돋움을 해서 여러 사람들의 머리를 뚫고 창살 너머로 황폐해진 고향의 도시를 보았다.

우리의 행선지는 '마우트하우젠'이라고들 모두 여기고 서 앞으로 살 날도 한두 주일뿐이란 생각에 빠져 모두들 이미 죽어가는 상태였다.

나의 눈에는, 마치 저승에서 되살아나온 듯한 이 망령의 눈에는 분명히 보였다. 내 어릴적 놀던 거리며 광장이 그리고 집들이. 나는 유령 같은 도시를 내려다보고 있었다.

몇 시간이 지나서 기차는 역을 출발했다. 오! 내가 살던 고향의 거리! 몇 해 동안 수용소 생활을 해오던 젊은 포로들이 틈바구니 사이로 눈이 빠져라 하고 바깥을 내다보고 있었다. 그들에게 있어서는 이런 여행이야말로 일생 일대의 대사(大事)였던 것이다. 나는 이 젊은이에게 잠깐 자리를 바꾸어 달라고 통사정을 했다. 그러나 이들은 나의 애원을 코웃음치며 일소에 붙이고 마는 것이었다.

"여기가 당신의 고향이라고요? 그럼 전에 실컷 보았을 텐데 뭘 또."

수용소에서는 문화적 동면라는 것이 있다. 예외적인 것은 종교와 정치뿐이다. 정치 이야기만은 수용소 어디를 가나 끊임없는 화제가 된다. 그리고 밑도끝도없는 풍문이 퍼진다. 군사적인 사태에 관한 풍문은 으레 상충된 것이었다. 풍문은 꼬리에 꼬리를 물고 번져서 결국에는 포로들의 마음속에 터지고 있는 신경전에 일익을 맡게 된다.

곧 전쟁이 끝날 것이란 낙관적인 풍문에 희망을 걸다가도 곧 또다시 실망이 찾아오게 마련이었다. 포로 가운데는 전혀 희망을 포기해 버린 사람도 있지만, 제일 분통을 터뜨리게 하는 사람은 절대적인 낙관론자들이었다.

포로들에게 신앙심은, 그것이 한번 싹트기만 하면 가장 진실된 것이 되었다. 이같이 깊고 열띤 신앙심을 대하고 신입 포로들은 얼른 놀라기도 하고 감동도 한다.

그 중 가장 인상적인 것은 막사의 한모퉁이에서 하는 즉석 기도회나 예배였다. 먼 공사장에서 일을 마치고, 지치고 배고픈 채 누더기를 걸쳐 입고 얼어 가는 몸은 자물쇠통으로 잠근 가축운반용 트럭에 실렸다. 돌아오는 동안 어둠 속에서 벌이는 기도회나 예배 역시 인상적이었다.

1945년 겨울과 봄에는 발진티푸스가 발생해서 거의 누구나 걸리지 않은 사람이 없었다. 가능하면 중노동을 해서 목숨을 구해 보겠노라 한 신체허약자들의 사망률은 엄청났다. 병동이란 게 형편없었고 의약품이나 의료보조원은 전무 상태였다. 이 병 증세 가운데는 아주 지독한 것이 있어서, 음식이라곤 밥 한톨 손을 못 대고—이때 생명에 대한 위험은 가중한다—무섭게 헛소리를 하는 증상이었다.

내 친구 가운데도 심한 헛소리를 하는 사람이 있었는데 그는 자기가 죽을 것으로 믿고 기도를 올리고자 했으나 헛소리가 심해서 기도를 할 수 없었다. 나도 이러한 헛소리를 낼까봐 밤이 되면 거의 뜬눈으로 지새웠다. 몇 시간을 두고 나는 마음속으로 말을 준비했다. 그리하여 나는 아우슈비츠 소독실에서 분실한 원고의 내용을 되살리기 위해서 종이 쪽지에다가 요점을 메모해 두었던 것이다.

가끔 과학적 토론이 벌어지는 경우도 있었다. 한번은 전에 보지 못한 새로운 일을 목격한 적이 있다. 그 일은 얼만큼은 나의 직업적 관심을 끄는 것이기도 했다.

심령 강술회였다. 나의 직업이 정신의학자란 것을 알고서 수용소의 의사 반장(그도 포로였지만)격인 사람이 나를 이 심령 강술회에 초대했던 것이다. 그것은 병동에 있는 조그마한 사실(私室)에서 열렸다. 소수의 사람이 참석했는데 그 중에는 위생사관도 비공식으로 끼어들었다.

한 사람이 기도 같은 짓으로 혼령을 불러들이기 시작했다. 서기는 백지를 앞에 놓고도 펜이 말을 안 듣는 듯했다. 그 다음 10분 동안—10분이 지나도 매체(媒體)가 혼령과 접촉이 안 되어서 강술회는 끝났지만—에 서기는 백지에다 서서히 펜을 움직였다. 그는 분명하게 라틴어로 '패자에게 슬픔이'라 적었다. 이 서기는 원래 라틴어는 배운 적도 없었고 '패자에게 슬픔이'란 어구를 들어본 일조차 없는 사람이라 했다. 내 생각으로는, 이 서기가 언젠가 이 말을 반드시 들어본 적이 있었다고 보며 이 어구는 우리가 석방되기 몇 달 전인 그 당시 혼령(그 사람의 잠재의식 속에 있는 영혼)과 접촉이 된 것이라 본다.

수용소 생활은 불가피한 육체적·정신적 원시생활에도 불구하고 정신생활의 심화를 가져오는 계기가 되기도 했다. 지적인 생활을 풍성하게 해오던 사람들이란 대개가 약한 체질이어서 괴로움이 더 컸을 테지만 그들의 정신적 생활에는 비교적 피해가 적었다고 본다. 이들은 가혹한 환경에서 물러나 풍성한 정신적인 자유 속으로 들어갈 수 있었던 것이다. 그렇지 않고서는 체질이 약한 사람이 강한 사람들보다 수용소 생활을 흔히 더 잘 견뎌내는 역설적인 현상을 설명할 도리가 없는 것이다.

호령이 들렸다.

"분대 앞으로 가! 왼발, 오른발, 왼발, 오른발, 하나 둘 하나 둘, 왼발, 오른발, 방향 바꿔 가! 좌로 앞으로 가, 좌로 앞으로 가, 좌로 앞으로 가! 탈모!"

이런 말은 지금도 귓전에 쟁쟁하다. '탈모!' 호령이 났을 즈음에 우리들은 수용소 문을 지나고 있었다. 조명등이 비쳤었다. 걸음걸이가 날쌔지 못하면 누구할 것 없이 발길질을 당했다. 춥다고 해서 허락도 없이 모자를 귀밑까지 내려쓰는 사람은 크게 혼쭐이 났다.

우리들은 수용소 밖 하나 밖에 없는 통로를 걸어 나오다가 큰 돌멩이와 물웅덩이가 있는 데를 오면서, 어둠 속에서 넘어지고 말았다. 감시원들은 고래고래 소리를 지르고 개머리판을 내리치면서 넘어진 사람들을 몰아 세웠다. 발병이 심한 포로들은 동료의 부축을 받으면서 걸어갔다. 말 한 마디 건네는 사람이 없었다. 얼음같이 싸늘한 바람이 불어와서 말할 기력조차 없었던 것이다. 옆 친구 하나가 옷깃을 치켜올려 입을 가리고 가다가 갑자기 나에게 나직히 말을 건넸다.

"아내들이 이 꼴을 본다면! 그들은 우리보다 좋은 곳에 있기를 바라오. 그리고 우리 꼴을 몰라야 할 텐데!"

이 사람의 말을 듣자, 나는 나의 아내 생각이 떠올랐다. 몇 마일을 걸어가는 동안, 마냥 넘어지고 얼음판에 미끄러지기도 하면서 서로를 부축하기를 그 얼마나 했을까. 서로의 몸을 끌어 일으켜서 걸을 수 있게 해주면서도 우리 두 사람은 제각기 자기 아내 생각을 하고 있는 것을 알았다. 나는 가끔씩 하늘을 올려다보곤 했는데 별빛은 희미해지고 연분홍 아침빛이 먹구름 뒤에서 빛나기 시작했다. 그러나 생각은 아내의 모습에서 떠날 줄 몰랐다. 너무나도 또렷한 아내의 모습! 내 말에 대답하는 그 목소리, 그 미소, 나에게 용기를 돋워 주는 그 맑은 모습! 사실이든 아니든 바로 그순간 아내의 모습은 동녘에 솟아오르는 태양보다 더 빛나 보였다.

나는 하나의 집념에 사로잡혔다. 그렇게도 많은 시인들이 노래 속에 담았던, 그렇게도 많은 사상가들이 궁극적인 지혜라고 단정했던 진리를 난 내 일생 처음으로 깨닫게 되었다. 사랑이야말로 인간이 바랄 수 있는 궁극적이며 최고의 목표라는 진리를! 그리고 나서 나는 '인류의 구원은 사랑을 통해서, 사랑 속에서 이루어지노라' 노래한 시와 사상과 신앙의 가장 위대한 비결이 지니는 뜻을 비로소 깨닫게 되었던 것이다. 이세상에 티끌 하나도 가진 것이 없는 사람이 짧은 순간일망정 사랑하는 사람을 생각함으로써 느끼는 축복의 정을 이해할 수가 있었다. 적극적인 행동 표시가 불가능한, 남은 일이란 오직 떳떳하게 부끄러움 없이 자기의 괴로움을 견뎌 가는 일뿐인 처절한 절망에 빠져 있을지라도 사랑하는 사람의 모습을 그리는 가운데 소망은 이루어지는 것이다. 나는 '천사들은 오직 무한한 영광만을 생각할 뿐이다'라는 구절이 무슨 뜻인가를 처음으로 깨닫게 되었다.

바로 앞서 가던 사람이 넘어지는 바람에 뒤따라 오던 사람들도 겹쳐 넘어졌다. 감시원이 달려와서 일동에게 채찍질을 가했다. 이 통에 잠시 동안 나의 사색은 중단되기도 했지만 나의 영혼은 다시금 포로 생활의 현실을 떠나 다른 세계로 나래를 펴갔다. 나는 사랑하는 사람과 대화를 계속해 갔다. 내가 아내에게 질문을 하면 아내가 대답했고 아내의 물음을 받고 나도 대답을 했다.

"멈춰 서!"

우리는 이미 공사장에 도착한 것이다. 연장을 가지러 모두들 캄캄한 막사 안으로 뛰어들어갔다. 저마다 호미며 곡괭이를 들고 나왔다.

"이 짐승들 같으니, 빨리빨리 못해!"

어느덧 우리는 도랑으로 들어가서 전날의 위치로 돌아갔다. 얼어붙은 땅은 곡괭이 끝에 닿자 금이 갈라졌고, 불똥이 튀어올랐다. 모두들 머리는 마비된 채 잠잠히 말이 없었다. 내 마음은 여전히 아내 생각만을 하고 있었다. 아내의 생사 여부를 확인해 볼 방도가 없다는 생각이 떠올랐다. 지금 나의 체험을 통해서 알 수 있는 오직 한 가지 사실은, 사랑이란 사랑하는 이의 육신을 초월해서 존재한다는 것이었다. 사랑은 사랑하는 이의 영적인 실재 속에, 그의 마음속에 가장 심오한 의의를 담고 있다. 사랑하는 사람이 실존하든 실존하지 않든, 살았거나 죽었거나 그건 중요한 일이 못 된다.

수용소 생활 전반을 통해서, 전달되는 우편이란 게 없었기 때문에 나는 아내의 생사를 확인해 볼 방도가 없었다. 그러나 그건 중요한 문제가 못 되었다. 또 그런 걸 알 필요도 없었다. 다만 어떠한 것도 나의 강한 사랑을, 나의 생각을, 그리고 사랑하는 아내의 모습을 건

드릴 수 없었다. 내 아내가 그때 비록 죽었다는 것을 알았다손치더라도 죽음이란 사실에 구애받지 않고 나는 아내의 모습만을 그리고 있었을 것이며 아내와의 정신적인 대화는 생생하게, 흐뭇하게 이어갔을 것이다.
"내 마음속에 깊이 새겨 주소서. 사랑은 죽음보다 강하다고."

내적인 생활이 심화됨에 따라 포로들은 과거 속으로 되돌아가서 현실의 공허와 처절과 정신적인 궁핍을 피해 안식처를 찾게 된다. 상념의 나래를 타고 포로들은 지나간 일에, 대개는 대단치 않은 사소한 일에 집념하게 된다. 그러나 이들의 향수어린 추억으로 그런 사소한 일들은 빛을 내기도 하고 신비한 힘을 내기도 했다. 지나간 날의 일들은 아득한 것이었지만 우리의 넋은 그리움으로 치닫고 있었다. 나는 머릿속에서 버스를 타고 나의 아파트 문을 열쇠로 열고, 전화를 받으며 전등을 켜기도 했다. 우리의 상상은 흔히 이와 같은 자잘한 일들에 쏠렸고 이러한 추억을 안고 눈물지었던 것이다.

내적인 생활이 더욱더 깊어가면 포로들은 일찍이 겪어 본 적이 없던 예술과 자연의 아름다움을 체험하게 되었다. 이 아름다움 속에서 포로들은 이따금 자신들이 위치하고 있는 가공할 환경을 잊기도 한다. 우리가 아우슈비츠를 떠나 바바리아에 있는 수용소로 이송되어 가는 동안, 호송 찻간의 쇠창살 문을 통해서 저녁 노을에 물든 솔즈버그 산봉우리를 지켜왔다. 이때 우리들의 얼굴을 행여 누가 보았다면 그는 생명과 자유에 대한 일체의 희망을 포기해 버린 사람들의 얼굴이란 걸 믿지 못했을 것이다. 이런 사실 속에서도, 아니 오히려 이런 사실 때문에 우리는 그토록 그리워했던 자연의 아름다움에 도취해 버렸던 것이다.

수용소 안에서 포로들은 일을 하다가도 뒤러가 그린 유명한 한폭의 수채화 같은 바바리아 산림—그 속에 우리는 대규모의 군수품 공장을 건설하고 있었는데—의 큰나무 사이로 비쳐 오는 아름다운 노을을 보고 옆 자리에 있는 동료들에게 그 노을에 시선을 향하게도 했다.

어느날 저녁 무렵이었다. 모두들 녹초가 되다시피 해서 우리는 수프 그릇을 손에 받쳐 들고 막사의 바닥에서 쉬고 있었다. 그순간 한 친구가 막사 안으로 들이닥치면서 외치는 것이었다. 모두 바깥으로 뛰어나와서 저 아름다운 저녁 노을을 구경하라고 했다. 나가 보니 괴물 같은 구름장은 석양에 물들어 있었고 하늘은 온통 구름으로 가려져 있었는데 순간마다 바뀌는 구름의 형상이라든가 보랏빛을 띠다가 금방 진분홍으로 물드는 빛깔은 참으로 환상적이었다.

그리고 또 삭막한 잿빛의 흙막사와 흙탕 위 물웅덩이에 비친 저녁 노을은 얼마나 큰 대조를 이루고 있었던가! 잠시 동안의 감격적인 침묵이 흐르고 나자 포로 한 사람이 다른 포로에게 말을 했다.

"세상은 참으로 아름다울 수 있으련만……."

한번은 또 이런 일이 있었다. 우리는 참호 속에서 작업중이었다. 먼동이 틀 무렵 온누리는 잿빛뿐이었다. 머리 위 하늘도 잿빛, 엷은 새벽 빛을 받고 있는 눈도 동료 포로들이 걸치고 있는 누더기도 잿빛, 그리고 그들의 얼굴마저 잿빛이었다.

나는 아내와 조용히 대화를 나누고 있었다. 아니 어쩌면 나의 괴로움과 서서히 다가오는 죽음에 대한 이유를 찾아내려고 버둥대고 있었다고 해야 할지도 모른다. 죽음이 몰고 오는 절박한 절망 앞에 몸부림 치는 순간 나는 나를 덮고 있는 어둠을 뚫고 나의 영혼이 다가오는 것을 느꼈다. 나의 영혼은 희망을 잃고 의의를 상실한 나의 실존의 세계를 초월하고 정적인 대답이 들려왔다. 바로 그순간 저 지평선 아득히 한 조각 그림자처럼 서 있는 농가에서 불빛이 켜졌다. 바바리아의 먼동 속

에서, 처절한 잿빛 세계에서 말이다. 그때
"어둠속에서도 빛은 있나니."

몇 시간을 서서 나는 얼어붙은 땅을 파고 있었다. 감시원이 욕설을 퍼부으며 지나갔다. 나는 다시금 아내와 영혼의 대화를 나누었다. 아내가 내 곁에 실재하고 있다는 것을 점점 더 강하게 의식했다. 마치 손으로 만질 수 있는 듯이 나는 손을 뻗어 아내의 손을 붙잡으려고 했다. 분명히 아내는 내 곁에 실재하고 있었다. 그때, 새 한 마리가 소리 없이 날아와서 바로 앞, 도랑을 파서 쌓아 올린 흙 더미 위에 내려 앉더니 물끄러미 나를 쳐다보는 것이 아닌가!

나는 앞에서 예술에 관해서 이야기했다. 수용소에서도 예술이란 게 존재하느냐고 할지 모른다. 그러나 무엇을 가지고 예술이라고 하느냐에 따라 다를 것이다.

여하튼 가설 무대 같은 것이 가끔 임시변통으로 세워지곤 했다. 임시로 막사를 치우고 몇 개의 나무 의자를 밀어 넣어 못질을 하고서 프로그램을 짠다.

저녁이 되면 카포를 위시해서, 먼 곳으로 걸어나가서까지 바깥 일을 하지 않아도 되는 좀 그럴싸한 친구들이 모여든다. 들어와서 웃음이나 좀 터뜨려 보자는 것이었다. 간혹 울기도 한다. 어찌 되었든 모든 걸 잊고 싶어서 찾아오는 것만은 사실이다. 노래가 있고 시가 있고 해학이 있었다. 개중에는 수용소를 비꼬는 풍자도 있었다. 의도는 결국 포로들에게 망각을 가져다 주는데 있었으며 이런 점에서 큰 도움이 되기도 했다.

이같은 모임은 성과가 이만저만이 아니었다. 보통 포로들 가운데는 하루의 끼니를 놓치는 한이 있어도 구경을 나오는 사람도 있었던 것이다.

점심 시간 30분 동안에 청부업자들이 약간의 돈을 들여서 마련한 수프가 공사장에서 배급되는 때가 있는데 그때 우리는 아직 완성도 되지 않은 기관실에 모여들었다. 제각기 묽은 수프 한 국자씩 배급을 받아서 게걸스레 마시는 동안에 포로 한 사람이 통 위에 올라가서 이탈리아 '아리아'를 부르기 시작한다. 우리는 모두 그의 흥겨운 노랫가락에 젖었고 주인공인 가수는 두 국자나 되는 수프—그것도 콩이 들어가도록 바닥에서 깊숙이 떠낸—를 덤으로 받게 되는 것이었다.

이런 특혜는 관중의 흥을 돋워줄 때는 물론, 박수 갈채가 나올 때도 안주 격으로 주어진다.

예를 들자면, 여러 가지 이유로 '살인자'란 별명으로 통하는 카포가 있었다. 수용소에서 가장 두려운 존재였다. 나는 이 살인자의 도움을 받을 짓을 한 적이 있었다. 그렇다고 그의 도움을 필요로 하지 않은 게 다행이었지만 말이다.

어느날 밤 나는 또 심령강술회에 나가게 되었다. 의사 반장 및 가까운 사람들과 위생사관이 몰래 들어와 있었다. 지나는 길에 살인자 카포가 들어오게 되었다. 그러자 우리들은 그에게 자작시를 낭송해 줄 것을 청했다. 수용소에서 유명하게 된 내용의 글이었다. 그는 기다렸다는 듯이 자기의 일기장 같은 것을 살짝 꺼내더니 몇 편을 줄줄 읽어가는 것이었다. 그의 소위 연애시를 듣고서 나는 자꾸만 웃음보가 터지려는 것을 참으려고 입술을 지그시 깨물고 있었다. 그 덕분에 목숨이 살아 있었으리라.

나는 박수를 치는데는 후한 편이었기 때문에 그의 작업반에 배속된다 해도 박수 덕분으로 목숨은 건질 수 있었으리라. 사실 이전에 단 하룻동안 그의 밑에서 일을 한 적이 있었고—더는 필요도 없었지만—좌우간 이 '살인자'한테 좋게 보인다는 것은 쉬운 일이 아니었다. 그래서 그에게 힘찬 박수를 보냈던 것이다.

대체로 수용소 안의 연예 활동이란 야릇한 데가 있다. 삭막한 수용소라는 생활 배경과 연예 행위가 너무나 대조적인 게 참으로 인상적이라 하겠다.

　내가 아우슈비츠에 도착한 이틀째 되던 밤이었다. 피로에 지쳐서 깊은 잠에 빠져 있던 중 음악을 듣고 잠을 깬 적이 있었다. 영영 잊혀지지 않는 추억이다. 막사의 선임관이 막사 입구 가까이에 붙은 자기 방에서 무슨 축하연을 베풀고 있었다. 틀에 박힌 몇 개의 곡조가 거나하게 취한 목소리를 통해서 왁자지껄하게 울려 나왔다. 그리고 나자 갑자기 잠잠해지고 밤 공기를 타고 애닲은 탱고의 선율이 바이올린의 선을 타고 울려퍼졌다. 제대로의 곡을 들어보기 힘든 곡이었다. 티없이 청아한 곡이었다. 바이올린은 흐느끼고 있었다. 나도 모르게 나는 바이올린과 함께 흐느껴 울었다. 바로 그날 그 누군가가 스물네 번째 생일을 맞기 때문이었다. 바로 그 누구는 몇백 야드 밖에, 아니면 몇천 야드 떨어진 어느 곳 아우슈비츠 수용소의 다른 막사에서 누워 있겠지. 그러면서도 나와는 전혀 연락조차 불가능한 채 말이다. 바로 그 누구란 다름아닌 사랑하는 나의 아내였던 것이다.

　수용소 안에서 예술행위 같은 게 있다고 하면, 그리고 유머도 통용된다고 한다면 국외자로서는 크게 놀랄 것이다. 물론 있어 봤자 유머의 흔적 같은 것이고, 그나마 몇 분, 몇 초의 순간적인 것에 지나지 않지만 유머야말로 생명 보존의 싸움터에서 필요한 또 하나의 무기였다. 유머는 인간 조건 중에서 무엇보다도 초연함을 가져다 주며, 순간적일 망정 어떠한 환경에도 초월할 수 있는 능력을 부여해 주는 것이라 알려지고 있다.

건축공사장에서 나는 옆 동료에게 유머를 꾸며 내도록 해준 적이 있었다. 매일 서로가 재미있는 이야기를, 적어도 한 가지씩 꾸며 내자고 했다. 말하자면 석방이 된 후 어느날엔가 일어날 일에 관한 이야기였다. 그 친구는 외과의사로서 큰 병원의 보조의사였다. 어느날 그를 웃겨 줄 양으로 이야기를 들려 줬다. 석방이 되어 옛 직장으로 돌아가게 되면 수용소 생활의 습성을 쉽게 잊지 못하게 되리란 것이었다.

건축 공사장에서는, 특히 사역관이 순찰하는 그런 곳에서는 감독은 작업을 재촉하느라고 불호령을 했다.

"작업 계속!"

이라 하면서. 나는 친구에게 말했다.

"어느 날 수술실에서 개복 수술을 하시겠죠? 그때에 갑자기 당직자가 뛰어오면서 외과과장이 온다고 '작업 개시'의 호령을 할 겝니다."

다른 사람들은 가끔 미래에 관한 흥미로운 꿈을 설계하기도 했다. 예를 들면, 저녁식사 약속을 받고 가서 수프가 나오자, 자기의 위치를 깜빡 잊어버리고 주인에게 바닥 깊숙이 넣어서 떠달라고 애걸하게 될 것 등등이었다.

유머 감각을 키우고, 사물을 유머로써 볼 수 있는 것은 생활의 기교를 익히는 것이다. 괴로움뿐인 수용소 안에서도 유머를 익히는 생활의 기교를 이용할 수 있는 것이다.

만약 일정한 양의 기체를 빈 방에다 집어 넣으면 방의 크기에 관계 없이 기체는 방에 가득히 균등하게 채워진다. 이와 비슷한 이치로 괴로움이란 것도 그 괴로움의 대소에 관계치 않고 인간의 영혼과 의식을 빈틈 없이 채우고 만다. 그러므로 인간이 겪는 괴로움의 '크기'는 절대로 상대적인 것이다.

이렇게 해서 아주 사소한 일이 가장 큰 기쁨의 씨가 되는 수도 있다. 아우슈비츠로부터 '다카우' 산하에 있는 어느 수용소로 이송되어 가는 도중에 생긴 일이었다. 우리는 수송열차가 정말 마우트하우젠 수용소로 가는 줄 믿고 지레 겁을 먹고 있었다. 어느 노련한 여행가였던 동료의 말을 빌리자면 마우트하우젠으로 가는 데는 다뉴브 강에 이르러 철교를 건너게 된다는 것이었다. 그 철교가 접근해 오자 우리의 긴장은 이루 형언할 수 없었다. 그런데 수송열차가 다리를 건너가지 않고 다카우로 향하게 된 것을 알자, 찻간에서 벌인 동료들의 환희의 춤을, 이와 같은 일을 당해 보지 않은 사람은 감히 상상조차 못할 것이다.

연이틀, 연사흘 밤을 수송된 끝에 수용소에 당도하자 어떤 일이 생겼던가. 차안은 어찌나 비좁았던지 바닥에 웅크리고 앉을 자리도 없었다. 겨우 몇 사람만이 오줌이 촉촉히 배어 있는 돗자리에 번갈아 웅크리고 앉았을 뿐, 나머지는 시종일관 서 있는 신세였다. 목적지에 이르자 나이 많은 포로들이 전해 준 첫 뉴스는 수용 인원 2천5백 명으로 비교적 소규모인 이곳 수용소에는 살인용 가마솥이나 가스처형실 및 화장터가 없다는 것이었다. 그러니까 병약한 '회교도인'인 경우에도 가스처형실로 직행하지 않고 환자 후송차가 아우슈비츠로 되돌아갈 준비가 끝날 때까지 기다리는 여유가 있다는 것이다. 이 뜻하지 않은 소식을 듣고 모두들 흥겨운 기분이 되고 말았다. 아우슈비츠 막사에서의 우리들 선임관의 소원이 이제 성취된 셈이었다. 그렇게 보면 아우슈비츠와는 별천지 같은, 화장터가 없는 수용소에 예기치 않게 빨리 온 셈이었다.

다음 몇 시간 동안 우리는 온갖 고약한 일을 당하면

서도 웃고 농을 했다.

　새로 도착한 인원을 점검하니 한 사람이 실종되고 없었다. 실종자가 나타날 때까지 우리는 비가 오고 찬 바람이 부는데도 바깥에서 기다리지 않으면 안 되었다. 실종자는 마침내 어느 헛간에서 발견되었는데 그는 너무나 지친 나머지 자기도 모르게 잠이 들어 버린 것이었다.

　이렇게 해서 출석 점검은 기합으로 바뀌었다. 밤새껏 걸었고 그것도 모자라서 다음날 아침 늦게까지 우리는 오랜동안 여로의 고달픔을 무릅쓰고 살갗이 축축히 얼어붙은 채 한데 서 있어야 했다. 그러면서도 모두들 좋아서 싱글벙글했다. 화장터 없는 곳! 아우슈비츠는 머나먼 곳이 아닌가.

　언젠가는 한 무리의 죄수들이 우리의 공사장 앞을 지나가고 있었다. 고통의 상대성을 깨우쳐 주는 일이었다. 비교적 규칙적이고 안정된 생활을 하는 이들 행복한 죄수들이 부러웠던 것이다. 이들은 정기적으로 목욕을 할 수 있지 않은가. 서글픈 생각이 들었다. 이들에겐 칫솔이며 옷솔이 있을 것이며, 각자가 따로 쓰는 침대가 있고, 친척들의 행방이나 생사 여부를 전하는 우편을 달마다 받아 볼 것이 아닌가. 우리에게 그러한 일은 이미 오래 전에 사라져 버렸다.

그것뿐이 아니다. 공장의 안전한 곳에서 노동하는 친구들을 얼마나 부러워한 우리였던가! 목숨을 보존하는 행운을 그 누가 바라지 않을 사람이 있었겠는가.

행운의 상대성은 얼마든지 있었다. 수용소 밖에 나가서 일하는 무리 가운데도—그 중 나도 끼어 있었지만—작업반에 따라 차별이 있었다. 가파른 언덕에서 흙탕 속을 뚜벅거리면서 하루 열두 시간 동안 계속해서 통을 비우는 신세를 면한 사람 역시 선망의 대상이었다. 사실 매일같이 발생하는 사고의 태반은 이 일을 하다가 일어났고 사고만 나면 거의가 치명적이었다.

어떤 작업반에서는 이 지방 습속 탓인지 감독들이 수없이 매질을 하였는데, 그런 감독 밑에서 일을 하지 않게 된—한다 해도 일시적으로만 하는—우리의 상대적인 행운이 화제가 되기도 했다.

한번은 재수 없게도 그러한 작업반에 끼어 들게 되었다. 그때에 공습 경보 덕분으로 작업이 중단되어 반을 재편성할 필요가 생겨서 망정이지, 그렇지 않았더라면 지친 끝에 다 죽어가는 몸으로 썰매에 실려서 수용소로 후송되었으리란 생각이 들곤 한다. 왜냐하면 작업 중에 나는 손찌검 잘하는 감독의 상대가 되어야 했기 때문이다.

공습 경보 때 불어오는 사이렌 때문에 찾아오는 그

휴식의 순간을 그 누가 상상이나 할 수 있으랴. 1라운드가 끝나는 종이 울리자 마지막 순간의 아슬아슬한 KO를 모면하게 된 권투선수라 한들 그같은 경우는 감히 상상도 못하리라.

사소한 자비심도 고마운 것이었다. 이 잡는 시간이 오면 모두들 즐거워했다. 이 잡는다는 행위 자체로 본다면 고드름이 주렁주렁 매달리고, 불기라고는 전혀 없는 막사 안에서 벌거벗고 서 있어야 하는 게 조금도 즐거울 일이 못 되는데도 말이다. 이 사냥 중엔 공습 경보 사이렌이 없어 전등을 끌 필요가 없었으므로 고마웠던 것이다. 이를 철저히 소탕하지 않고서는 밤을 거의 뜬눈으로 지내야 했기 때문이다.

수용소 생활에서는 아주 사소한 즐거움도 쇼펜하우어가 말한 바 있는 '고통에서의 자유'라는 일종의 소극적인 행복을 가져다 주었다. 이것은 상대적인 면에서 더욱 그러했다.

하루는, 나는 즐거움에 관한 일종의 대차대조표를 작성해 보았다. 지난 몇 주일 동안 내가 겪은 즐거운 시간이란 두 번뿐이었다. 한 번은 내가 공사장에서 돌아온 뒤 한참 서 있다 식당으로 들어가서 'F'라는 쿡 앞에 줄을 서게 되었다. F 쿡은 큰 양푼을 앞에 놓고 포로들이 내미는 사발에다가 수프를 떠주고 있었다. 포로들의 행렬은 빨리 움직였다. 수프를 떠줄 때 상대방의 얼굴을 쳐다보지 않는 쿡은 F뿐이었다. 상대가 누구였든 간에 이 F만은 수프를 골고루 배급해 주었고 자기 친구나 제 나라 사람이라 하여 별난 특혜를 주지 않았다. 제 친구라면 감자라도 떠주고, 그렇지 않은 사람에게는 묽은 수프만을 살짝 떠주는 그런 일을 하지 않았다.

그렇지만 제 나라 사람을 다른 나라 사람보다 더 잘 봐 주는 사람이라 해서 그에게 어떠한 가치판단을 내릴 수는 없다. 때를 가리지 않고 찾아 드는 죽음의 현장에서 제 친구들에게 더 호의를 보이는 사람이라 해서 누가 감히 그를 나무랄 수 있겠는가. 그와 같은 처지에 놓여 있을 때에 자기도 그렇게 처신하지 않을까를 스스로에게 물어보지 않고서는 그 누구나 남을 심판해서는 안 된다.

내가 정상적인 생활을 되찾은 지 한참 지나서, 다시 말하자면 수용소에서 석방되고 상당한 시간이 경과한 뒤에 누군가가 나한테 그림을 보여 주었다. 벽에 붙은 침대에 꽉 들어차게 누워서 방문객들을 얼빠진 모습을 하고 응시하고 있는 포로들을 담은 주간 화보였다.

"저 얼굴! 저 무서운 눈매를 보세요."
라고 그는 말하는 것이었다.

"왜 그렇지요?"

나는 정말 왜 그런지를 몰라서 물어 보았다. 그순간 나에겐 지난 일들이 영화의 화면처럼 떠올랐기 때문이다. 새벽 5시, 밖은 아직 칠흑 같은 어둠. 나는 70명쯤 되는 환자들 측에 끼어서 흙막사에서 단단한 널빤지 위에 누워 있었다. 환자였기 때문에 우리는 공사장에 나가지 않고 수용소 안에 남아 있게 된 것이다.

사열 같은 것도 받을 필요가 없었다. 막사 안 작은 모퉁이에 누워서 종일 잠을 잤다. 환자에게는 양이 줄어들었지만, 빵 배급과 묽은 수프를 기다렸다. 그러면서도 우리는 흡족히 여겼다. 온갖 역경 속에서도 이때만큼은 우리도 행복했다. 조금이라도 쓸데없이 온기(溫氣)가 새어 나가지 않도록 하기 위해서 우리는 서로 몸을 갖다 대고서 움츠리고서 손가락 하나 까딱하지 않은 채 누워 있었다. 이때 광장에서는 날카로운 호루라기 소리와 호령이 들려왔다. 야간 당번들이 교체되어서 지금 인원 점검을 하고 있는 참이었다.

문이 갑자기 열렸다. 막사 안으로 눈보라가 휘몰아쳐 들어왔다. 포로 한 사람이 기진맥진해서 눈에 덮인 몸을 잠깐 쉬려고 막사 안으로 비틀거리며 들어왔던 것이다. 그러나 선임관은 그를 내쫓았다. 인원 점검이 실시되는 동안에는 막사 안에 외인은 절대 출입금지였다. 쫓겨간 그 친구가 딱하게 생각되었고, 그 친구 같은 신세가 되지 않고서 환자의 몸으로 병동에 누워서 잘 수 있는 나의 처지가 고마웠다. 잘하면 이틀이나 더 이곳에 있게 된다는 게 생명 보존에 얼마나 큰 도움이 되어 주었는지 모른다.

주간 화보에 나온 사진을 보자 이 모든 일들이 마음에 떠올랐다. 자초지종을 이야기해 주자 내 말을 듣고 있던 사람들은 내가 그 화보에 놀라지 않는 까닭을 알게 되었다. 뿐만 아니라 그 화보에 나온 인물들이 자기들이 생각하고 있는 것같이 그렇게 불행하지 않을 수도 있으리란 것을.

내가 병동에 들어온 지 나흘째되던 날 야간 당번이 교체되려는 순간에 의사주임이 달려오더니 나한테 청을 했다. 발진티푸스 환자가 수용되고 있는 다른 수용소로 의료 임무에 나서 달라는 것이었다.

친구들의 간곡한 만류가 있었지만, 그리고 동료 가운데 누구 하나 나서는 사람이 없었지만, 나는 의료 봉사에 나서기로 결심을 했다.

작업반에 돌아간다 해도 머지않아 죽을 몸이란 것을 알고 있었다. 그러나 설혹 내가 죽는다 해도 의료 봉사로 나가서 죽는다면 그것은 헛된 죽음이 아니기 때문이다. 나는 생각했다. 한 군데에 그냥 식물처럼 붙어 있다가 아무런 생산적인 일을 못하는 노동자로서 생명을 빼앗기느니보다는 의사로서 동료들을 도와 주는 것이 보다 더 뜻있는 일인 성싶었다.

  나에게 있어서 이것은 희생이 아니라 단순한 계산에 지나지 않았다. 그리고 위생사관은 발진티푸스 발생지로 자원해 가는 두 사람은 병 간호를 받도록 내밀히 지시를 내렸었다. 왜냐하면 우리는 너무나 허약해져서 그는 두 의사가 아니라 두 송장이 덤으로 불어날까 걱정을 했기 때문이다.


  전에도 말한 바 있지만 자신의 목숨과 친구의 목숨을 보존하는데 직접적인 일이 아닌 것은 존재 가치가 없었다. 기타의 모든 일은 생명 보존이란 목적을 위해 희생된다.

  사람의 성격은 혼란 속에 빠지고 말아서 자기가 믿는 일체의 가치에 위협을 가져오고 또 그런 가치에 대한 회의를 가지게 된다. 인간으로서의 가치와 인간의 존엄성이란 것이 인정되어 있는 세계에서, 인간의 의지를 박탈하려고, 또 말살하고자 하는 세계에서, 그러면서도 육체적인 힘을 최후의 한 톨까지 이용하고자 하는 이같은 환경 밑에서는 자아(自我)라는 것은 가치를 잃고 만다.

만약 수용소에서 이러한 현상에 거역하여 각자의 자존심을 보존하고자 하지 않는다면 인간의 정신적인 자유와 가치를 지니는 인간으로서의 개체성을 잃고 마는 것이다. 그러고 나면 사람은 자신을 한 개의 대집단의 분자로만 생각하게 되고 인간의 존재는 생명 보존의 수단으로 전락되고 마는 것이다.

이리하여 인간들은 떼지어 다니는 짐승과도 같이 이리 몰리고 저리 끌려 다니면서 때로는 함께 몰려 다니다가 때로는 따로 떨어져 나가는 양떼와도 같이 독자적인 생각이나 의지가 없어진다. 소수의 위험 인물들이 고문과 잔악한 무기를 들고 사방에서 눈독을 들이고 있는 격이라 하겠다.

이 무서운 개떼는 양떼를 앞뒤로 한없이 몰고 다니면서 호령을 내리기도 하고 발길질을 하면서 마구 구타를 하는 것이었다. 양떼가 되어 버린 우리들의 생각 속에는 이 사나운 개를 피하는 일과 어떻게 해서라도 먹을 것을 구해야 된다는 두 가지 일만이 남아 있을 뿐이었다.

겁을 먹고 무리의 한복판으로 뛰어드는 양과도 같이 우리도 제각기 집단의 한가운데로 끼어 들려고 야단이었다. 이렇게 되면 대열의 좌우와 전후를 지키면서 따라오는 감시원들의 매질을 모면할 수 있는 유리한 짬을 얻게 되는 것이었고 이밖에 한복판에 끼어 있으면 매서운 바람을 맞지 않는 이점이 있다. 그런 탓으로, 문자 그대로 군중 속에 파묻힌다는 것은 생명 보존의 수단이 되는 것이다. 부대가 편성이 될 경우 이런 현상은 자연발생적이 되고 만다. 각자의 의식적인 노력의 결과인 경우도 있다. 남의 눈에 띄지 말라는 말은 수용소에서 통용되고 있는 생명 보존의 지상명령이기도 했으니 말이다. 우리는 친위대원들의 구박에서 피하려는 노력을 언제고 게을리하지 않았었다.

하기는 때에 따라서는 무리에서 벗어나는 것이 필요한 경우가 있었다. 타의에 의한 공동 생활에서는 누가 무슨 일을 해도 남의 눈에 띄게 마련이기 때문에 결국 잠시나마 군중과 떨어져 있고 싶은 충동이 강하게 솟구쳐 올 때가 있는 것이다. 이런 때는 포로들은 혼자서 사색을 하고 싶어한다. '프라이버시'와 고독이 그리워지는 것이다. 소위 '요양 수용소'로 옮겨진 후 나는 약 5분 간의 고독을 즐길 수 있었다. 극히 드문 행동이었다고 보겠다. 50명 가량의 환자들이 웅성이고 있는 흙막사가 나의 근무처였는데 막사 뒤 수용소를 빙 둘러 싸고 있는 이중 철조망 한모퉁이에 호젓한 곳이 있었다. 이곳에는 여섯 구의 시체―수용소의 하루 평균 사망률―를 안치하기 위해 몇 개의 기둥과 나뭇가지로 세워둔 천막이 쳐 있었다. 이곳에는 배수관으로 빠져 나가는 환기통이 있었는데 나는 이 환기통의 나무 뚜껑 위에 쪼그리고 앉아 있었다. 그냥 앉은 채 꽃이 피어나는 저 푸른 산등성이며 철조망 안에 액자처럼 들어온 바바리아 지방의 아련한 푸른 산을 바라다보는 것이었다. 나는 그리움에 젖어 꿈을 꾸었다. 상념은 북쪽으로 동북쪽으로 헤매었다. 나의 고향이 있는 바로 그쪽으로, 그러나 보이는 것은 둥실 뜬 구름뿐이었다.

바로 옆에는 이가 득실거리는 시체가 놓여 있었지만 그런 것은 아무렇지도 않았다. 지나가는 감시병들의 발자국 소리에 나는 꿈에서 깨어났다. 아니면 병동에 돌아가라는 소리이거나 약품을 받아 가라는 소리였다. 대여섯 알의 아스피린으로 50명 환자에게 며칠 간을 사용해야 했다.

나는 약품을 배급받고 난 뒤 환자들을 순방하면서 이들의 맥을 짚어 보고 중환자에게는 아스피린 알 반조각

씩을 나누어 주었다. 그러나 가망이 없는 환자에게는 약을 주지 않았다. 약의 도움이 필요치 않았기 때문이다.

아직 가망이 있어 보이는 환자에게는 더한 절망을 갖다 준 격이 되었다. 가벼운 환자들한테는 용기를 내라는 말 이외는 따로 할 말이 없었기 때문이다. 이렇게 나는 쇠약해진 몸에다가 중한 발진티푸스에 걸려 지칠 대로 지친 몸을 끌고 다니면서 환자들을 순방했던 것이다.

순방이 끝나면 나는 수채통 나무 뚜껑이 놓여 있는 나의 외로운 자리로 찾아가는 것이었다.

말이 났으니 말이지, 이 수채통은 포로들 세 명의 목숨을 건져 준 적도 있었다. 석방이 임박했을 때 다카우 쪽으로 대량 수송이 있게 되었었다. 이들 세 명의 포로들은 수송에서 빠지려고 용케도 이 수채통으로 기어와서 감시병의 눈을 피했던 것이다. 나는 나무 뚜껑위에 태연하게 앉아서 아무것도 모르는 표정을 짓고서 어린애처럼 돌멩이를 집어서 철조망 쪽으로 던지고 있었다. 나를 보던 감시병은 잠시 머뭇거리다가 이내 지나가 버렸다. 나는 곧 바로 밑에 숨어 있는 세 사람에게 위기가 지났음을 알려 주었다.

수용소에서 인간의 생명이 얼마나 경시되고 있는가를 제삼자로서는 이해하기가 힘들 것이다. 포로들은 이미 감정이 경화되어 버렸지만, 병자 이송 때에는 인간의 존재가 끔찍할 만큼 철저히 무시되는 것을, 보다 강하게 의식할 수 있게 된다. 피골이 상접한 환자들의 몸뚱이를 내동댕이치다시피 해서 두 바퀴 달린 달구지에 실어서 몇 마일이나 떨어진 다음 수용소로 끌고 간다. 눈보라가 칠 때도 있다. 출발 전에 환자는 이미 죽기도 한다. 그러나 실려 가게 마련이다. 무엇보다도 기록상 차질이 나지 않게 하기 위해서다. 기록만이 문제시되기 때문이다.

사람이 중시되는 것이 아니라 사람에게 붙어 있는 번호가 중요하다. 사람은 글자 그대로 하나의 번호에 불과하고 생사 문제는 중요시되지 않는 것이었다. 번호의 생명은 아무런 소용이 없었다. 번호 뒤에 있는 생명, 그리고 그 생명 위에 있는 운명이며 경력이며 이름은 더욱더 문제시되지 않았다.

환자를 수송할 때에 나는 의사 자격으로 바바리아 지방의 한 수용소에서 다른 곳까지 동행한 적이 있었는데 환자 가운데 젊은 포로 한 사람이 끼어 있었다. 이 젊은이의 형은 명단에서 빠졌기 때문에 뒤에 남게 되어 있었다. 그의 끈덕진 애원에 못 이겨 수용소 소장은 젊은이의 형과 환자 가운데 뒤에 남아 있고 싶은 사람과 바꾸도록 했다. 그러나 기록상 차질이 생겨서는 안 되겠기 때문에 형 되는 사람은 다른 포로와 번호만 바꾸어 찼다.

전에도 말한 바 있지만 우리에겐 개인적인 서류란 게 없었다. 자기 몸뚱이에 숨결이 붙어 있는 것만을 모두 다행으로 여겼다. 기타 신변에 관한 것—말하자면 앙상한 뼈에 매달린 누더기 옷과 같은 것—이 문제시된 경우란 환자 수송의 일을 맡게 된 경우뿐이다. 뒤에 남은 포로들은 수송될 '회교도인'의 윗도리며 신발이 행여 자기 것보다 성한 것이 있으면 염치 불구하고 달겨들게 마련이다. 수송되어 가는 환자들의 운명은 뻔한 것이기 때문이다.

그러나 수용소에 남아서 아직도 노동력이 있는 사람들은 생존의 기회를 최대한으로 이용해야 했다. 이들은 감상에 젖을 그런 인사들은 아니었다. 포로들의 생명이란 절대적으로 감시병들의 기분에 달려 있었기에—글쎄 운명의 장난감이라 할까—포로들은 환경의 힘을 넘어서 비인간화가 되었던 것이다.

아우슈비츠에서 나는 스스로를 위한 계율을 정했다. 이 계율은 큰 도움이 되었고 동료들도 이 계율을 따랐다. 나는 질문을 받으면 어떤 것이든 간에 진실되게 대답했다. 그러나 분명히 묻지 않는 것에는 침묵을 지켰다. 나이를 물으면 나이를 댔고 직업을 물으면 '의사'라 대답했으며 더 상세한 내용은 부연하지 않았다.

아우슈비츠에 도착한 다음날 아침에 친위대 한 사람이 연병장으로 나타났다. 우리는 40세 이상, 40세 이하, 금속공, 기계공 등으로 갈라서 서게 되었다. 그 다음 모두들 탈장 검사를 받았고 어떤 사람들은 분리해서 따로 세웠다. 나의 소속반은 다른 막사로 몰려가서 줄을 섰다. 한번 더 선정을 거친 다음 나이와 직업을 대고 또 다른 작은 반으로 편성이 되었다. 또다시 다른 막사로 가서 재편성되었다. 한참 동안 이러한 과정이 진행되는 가운데 나는 귀에 설은 외국어를 쓰는 사람들 속에 끼게 되어 기분이 언짢았다. 최후의 선정이 있고 나서 나는 제일 처음에 있었던 막사로 되돌아오고 있었다. 동료들은 그동안 내가 막사를 전전하고 다닌 사실을 별로 눈여겨보지 않았겠지만 나에게 있어서는 요 몇 분 동안에도 운명이 갖가지 형상을 하고서 내 곁을 스쳐 지나가는 것을 알았다.

'요양소'행의 환자 수송이 있게 되자 몇 사람의 의사가 필요했던지 나의 이름(사실은 나의 번호)이 명단에 올라 있었다. 지난 몇 주일 전에도 이와 같은 사태가 있었다. 그때도 사람들은 그건 가스처형실이라 생각들을 하고 있었다. 그때 저 무서운 야간작업을 지원하는 자는 수송자 명단에서 빼어 준다는 공표가 나기가 무섭게 즉석에서 82명의 포로들이 자원을 서둘렀다. 15분이 지난 뒤 수송은 취소되고 자원자 82명은 야간작업자 명단에 올랐다. 야간작업은 다음 2주일 동안 이들 대다수에게 죽음을 가져다 주었다.

이번 요양소행 수송은 두번째 시도된 일이었다. 이번도 전과 같이 단 2주일 동안이라도 환자들로부터 최후의 노동력을 동원해 보려는 술책인지, 아니면 가스처형실행인지, 아니면 정말 요양소행이 될는지 아무도 모르는 일이었다.

의사 반장이 나에게 호감을 품고 있었던지 어느날 밤 10시 15분에 나에게 은밀한 말을 들려 주었다.

"나는 당직실에다가 이야기해서 당신의 이름을 명단에서 없애도 된다고 했으니 10시까지 이름——번호——를 지우도록 하시오."

나는 그렇게는 못하겠노라 대답했다. 모든 것을 운명에 맡긴다 했다. 나는 동료들과 공동운명체가 되겠노라 덧붙여 이야기했다. 의사 반장의 눈매에는 측은해하는 빛이 깃들어 있었다. 마치 운명을 알고 있다는 그런 눈빛이었다. 그는 말없이 나의 손을 잡고 흔들었다. 삶을 위한 작별이 아닌, 죽음으로 가는 작별인 듯이. 나는 천천히 걸어서 막사로 돌아왔다. 친구가 한 사람 기다리고 있었다. 그는 슬픈 소리로 나에게 물었다.

"정말 환자들과 동행을 하겠소?"

나는 동행하겠노라 대답했다. 그의 눈에는 눈물이 고이고, 나는 그를 위로하려 했다. 유언을 작성할 일이 남았다. 나는 말했다.

"자, 오트 형. 내가 설혹 고향의 아내에게 돌아가지 못하게 되면, 그리고 형이 혹시 나의 아내를 만나거든 일러 주오. 날이면 날, 그리고 시간 시간을 나는 아내 이야기를 했다고. 그리고 이세상에서 누구보다도 난 아내를 사랑했었다고, 마지막으로, 그녀와 함께 보낸 결혼생활은 비록 얼마되지는 않지만 이세상 어느 것보다 소중했었다고 오트 형! 지금 형은 어디 있소? 지금 살아 계신지? 우리가 서로 헤어진 후 무슨 변고나 당하지 않았는지 부인과의 재회는 했는지? 그리고 형은 기억하시나요? 형이 마치 어린애처럼 눈물을 흘리는 것도 아랑곳없이 나의 유언을 형더러 구절 구절 암송하게 했던 일 말입니다."

다음날 아침 나는 수송 열차를 타고 떠났다. 그런데

이번만은 계책이 아니었다. 가스처형실이 아닌 실제 요양소행이었던 것이다.

나를 가련하게 여기던 사람들이 남아 있던 수용소에서는 우리가 도착한 곳보다 훨씬 무서운 기근이 찾아들게 되었다. 이들은 목숨을 건지려는 노력의 보람도 없이, 오히려 자신들의 운명에 못질을 한 결과가 되었다.

석방된 지 몇 달이 지나서 나는 그곳에 있었던 친구를 만났다. 그가 들려 준 이야기는 이러했다. 그는 수용소 경찰로서, 시체 더미를 파헤지고 없어진 사람의 살덩이를 찾고 있었다는 것이다. 살덩이가 주전자 속에서 요리되고 있는 것을 압수했다는 것이었다. 식인풍조(食人風潮)가 생기다니, 그러고 보면 나는 용케도 때를 맞추어 떠난 격이 되었다.

이 이야기를 들으니 〈테헤란의 주검〉이 생각났다. 옛날에 돈 많고 권세 있는 페르시아 사람이 종들과 함께 정원에서 산책을 하고 있었다. 그때에 하인 하나가 헐레벌떡 뛰어와서 큰 소리로 말했다. 자기 목숨을 노리는 주검을 만났다면서 하인은 상전에게 제일 빠른 말 한 필을 빌려 달라고 애걸했다. 그것을 타고 테헤란으로 피신 해야겠다면서 말을 타고 가면 그날밤 안으로 목적지에 도달할 수 있겠노라 했다.

상전은 종의 뜻을 받아들였고, 종은 말을 타고 떠났다. 상전이 집에 돌아오니 주검이 있길래, 주검에게 물었다.

"임자는 왜 내 종에게 겁을 주었노?"

그러자 주검이 대답하는 것이었다.

"그런 일이 있겠습니까? 사실은 오늘 그 종을 테헤란에서 만날 생각이었는데 와서 보니 그 친구가 아직도 여기에 있어서 내가 놀란 기색을 보였을 따름이지요."

포로들은 결정을 내린다거나 무슨 일이든 먼저 나서서 하기를 두려워했다. 운명이 자기들의 주인이라고 굳게 믿고 있었기 때문이며, 누구나 남의 운명에 영향을 미치게 해서는 안 되는 것이라 하여 남의 일에 관여하지 않았다.

이밖에 무감각이란 것이 포로들의 감정을 크게 지배했다. 가끔 가다가 순간적으로 결정을 내려야 할 때가 있었다. 생사를 판가름하는 그러한 결정이었다. 이런 경우에 포로들은 선택을 운명에 맡겨 버린다. 포로들이 탈주 계획에 동조하느냐 않느냐 할 때에 이같은 참여에서의 도피는 현저하다. 결정을 해야 할 순간—언제나 순간적인 문제가 되겠지만—포로들은 지옥과 같은 괴로움을 겪는다. 탈주를 해야 하느냐, 그러한 모험을 해야 하느냐.

 나 역시 그러한 고뇌를 겪어 본 적이 있다. 전선이 가까워짐에 따라 나에게도 탈주의 기회가 있었다. 수용소 바깥에 있는 막사에 왕진하러 왔던 동료 한 사람이 탈주 의사를 표명하면서 자기와 행동을 같이 해 주길 바랐다. 그는 환자의 병 때문에 전문의 의견을 들어야겠다는 구실로 나를 몰래 밖으로 빼냈다. 수용소 밖에서 외국의 지하운동단원 한 사람이 우리에게 제복과 증명서를 마련해 주기로 되어 있었다. 마지막 순간에 기술적인 난관이 있어서 우리는 다시 수용소로 돌아와야 했다. 우리는 이 기회를 이용하여 몇 개의 썩은 감자를 식량으로 삼기 위해서 배낭을 찾아내기로 했다.

 우리는 여자 수용소의 한 빈 막사 안으로 뛰어들어갔다. 여자 포로들은 다른 데로 이동한 뒤라 막사엔 아무도 없었다. 막사 안은 엉망이었다. 보아 하니 많은 사람들이 보급을 받아서 탈주한 모양이었다. 누더기 옷, 지푸라기, 썩은 음식과 깨어진 그릇들이 너절하게 벌여져 있었다. 아직 쓸 만한 사발이 몇 개 남아 있었다. 가지고 가면 쓸모는 있겠지만 그건 그만두기로 했다.

 뒤에 안 일이지만 사태가 급해지자 사발은 밥그릇으로, 세숫대야로, 때로는 요강으로 사용되었다는 것이다. 막사 안에서의 식기 사용은 엄격히 규제되고 있었지만 이런 규칙을 지킬 수 없는 사람도 있었다. 특히 발진티푸스 환자들인데, 이들은 너무나 허약한 탓에 남의 도움을 받고서도 바깥까지 나갈 형편이 못 되었던 것이다.

내가 망을 보고 있는 동안에 친구는 막사 안으로 들어가서 이윽고 배낭 하나를 윗도리 속에다 숨겨 가지고 나왔다. 내 몫으로 하나가 더 있다 하므로 이번에는 내가 들어갔다. 쓰레기를 뒤져서 배낭과 칫솔까지 찾아 내다가 잡동사니 속에서 우연히 여자의 시체를 발견했다. 나는 내 막사로 재빨리 돌아와서 소지품을 정돈했다. 밥그릇, 발진티푸스 환자가 유산으로 남겨 논 벙어리 장갑 한 켤레, 속기체로 적힌 종이쪽지 등(나는 이 종이쪽지에다가 이전에 말한 바 있는 아우슈비츠에서 분실한 원고를 재정리해 두었다)이었다.

나는 막사 양쪽의 썩은 널빤지 위에 서서, 새우 모양을 하고 누워 있는 환자들을 마지막으로 한번 빨리 돌아보았다. 나는 같은 고향 출신인 환자 앞으로 갔다. 그는 사경을 헤매고 있었다. 병세가 어떻든 그 사람의 목숨을 구해 보자는 생각이 났다. 탈주 계획은 비밀로 하고 있었지만 이 고향 친구는 무언가 심상치 않다고 짐작이 갔던 모양이었다.―내 자신 다소 안절부절 못하는 기색을 보였는지 모를 일이었다―그는 지친 목소리로 물었다.

"선생님도 탈주하시렵니까?"

나는 그렇지 않노라고 대답은 했지만 그의 슬픈 표정을 피할 길이 없었다. 순방이 끝나고 다시 그에게 돌아오니 그는 절망의 눈초리로 나를 맞았다. 비난섞인 눈매였으리라.

동료 의사에게 함께 탈주하겠노라 말한 그때부터 불쾌한 감정이 나를 짓눌렀다. 나는 홀연히 나의 운명은 나 스스로 요리해 보겠다는 마음을 먹게 되었다. 그러자 나는 막사 밖으로 나가서 그에게 동행할 수 없다는 뜻을 전했다. 환자들과 함께 남아 있겠노라는 결심을 들려 주었다. 그순간 비참한 생각은 사라지고 말았다. 앞으로 어떠한 일이 다가올지 모르지만, 나는 일찍이 겪어 보지 못했던 마음의 평화를 얻게 되었다. 나는 막사로 들어오는 길로 동향 친구 발밑에 있는 널빤지에 앉아서 그를 위로해 주었다. 그리고 나서 다른 환자들과 이야기를 나누기도 하고 이들이 헛소리를 하면 진정시켜 주기도 했다.

수용소 생활 최후의 날이 왔다. 전선이 점점 가까이

오자 대규모의 수송차가 동원이 되어 포로들은 거의 남김 없이 다른 곳으로 옮겨갔다. 수용소 당국자들과 카포들 및 요리사들은 이미 도망쳐 버리고 없었다. 마지막 날이었다. 어두워지기 전까지 수용소를 완전히 비워야 한다는 지시가 시달되었다. 환자와 몇 명 남은 의사, 그리고 의사 보조원까지 모두 비워야 한다고 했다. 밤에 수용소를 불태운다는 것이었다.

오후인데도 환자들을 수송하러 온다는 트럭은 아직껏 나타나지 않았고, 그와는 반대로 수용소 문이 잠겨지고 탈주를 못하도록 철조망의 감시가 강화되었다. 수용소 안에 남은 포로들은 수용소와 함께 불길에 젖을 운명을 면하지 못할 듯했다. 나는 두번째로 친구와 탈주를 결심했다.

시체 세 구를 철조망 밖으로 묻으라는 지시가 하달되었다. 이런 일을 감당할 기력이 남아 있는 사람이란 우리 두 사람뿐이었고 그밖의 다른 사람들은 몇 개의 막사에서 고열과 헛소리로 버둥거리고 있었다. 우리 둘은 계획을 짰다.

첫번째 시체를 옮겨 올 때 친구의 배낭을 낡은 세탁통 밑에다 숨겨오기로 했다. 그 세탁통은 관으로 쓰이도록 됐었다. 두번째 시체를 옮길 때는 나의 배낭을 빼오고 세번째는 탈주하기로 했던 것이다. 시체를 두 번 운반할 때까지는 일이 계획대로 진행되었다. 이제 나의 친구가 산림지대에서 며칠간 지내기에 필요한 빵 조각을 찾고 있는 동안 나는 지루하게 기다리고 있었다. 몇 분이 지났다. 그래도 친구가 나오지 않자 나는 점점 초조해졌다. 지나간 3년 동안의 수용소 생활이 끝날 즈음 나는 자유를 그리워하면서 들뜬 심정을 억누를 수 없었다. 전선 쪽으로 달려가는 기분이 얼마나 상쾌할 것인가! 그런데 일이 뜻대로 되질 않았다.

친구가 차비를 하고 나온 순간 수용소 문이 활짝 열리면서 눈부신 알루미늄 빛의 차 한 대가 큼직한 적십자 표를 달고 연병장 안으로 서서히 들어오고 있는 것이 아닌가! 주네브에 있는 국제적십자사 일행이 당도한 것이었다.

포로들은 이들의 보호하에 들어갔다. 적십자 대표들은 만약의 경우를 대비해서 인근 농가에 숙소를 정했다. 이제 와서 누가 탈출을 기도하겠는가.

의약품 상자들이 내려지고 담배가 배급 되었다. 우리는 사진을 찍었다. 환희 일색이었다. 그러니 전선 쪽으로 탈주할 필요가 없게 된 것이었다.

우리 두 사람은 감격 속에서 미처 세번째 시체에 대

해서는 깡그리 잊어버린 채 우리는 곧 그를 꺼내어서 나머지 두 시체와 함께 흙구덩이에 집어 넣었다.

비교적 성미가 고약하지 않았으나 동행하던 감시병은 갑자기 유순한 사람이 되었다. 형세가 뒤바뀐 것을 알자 감시병은 우리의 환심을 사고 싶었던 것이다.

그는 흙을 덮기 전 간단한 기도를 올릴 때 우리에게 한 몫 끼어 들었다. 지난 며칠간의 긴장과 감격이 지나고, 죽음과 달음박질을 하던 지난날들을 돌이켜 보면서 죽은 자의 안식을 비는 우리의 기도 소리는 일찍이 인간의 입에서는 들어 보기 힘들 만큼 열렬한 것이었다.

이렇게 수용소에서의 최후의 날을 우리는 자유를 기다리면서 보냈다. 그러나 사실 환희는 시기 상조였다. 적십자사 대표들의 말을 빌리자면 협정이 체결되어야 하고 또 수용소는 비워야 한다는 것이었다. 바로 그날 밤 친위대원들은 트럭을 몰고 와서 수용소 철거를 명령했다. 남은 포로들은 일단 중앙 수용소로 이송 되어 48시간 안에 스위스로 건너가서 적국 포로들과 교환이 된다는 것이다.

친위대원들은 거짓말같이 친절을 보였고, 겁내지 말고 트럭에 오르라고 타일렀다. 그들은 행운을 고맙게 여기라고도 했다.

기력이 남은 사람들은 몸소 트럭 안으로 밀려 들어갔고 중환자나 허약자들은 부축을 받으면서 가까스로 탔다. 동료 의사와 나는 배낭을 숨기지 않은 채, 마지막 일행 속에 끼어 들게 되었다. 열세 명만 골라서 트럭에 싣겠다는 것이다. 의사 반장은 인원을 세어서 배정하였고, 우리 두 사람은 제외했다. 열세 사람은 차에 올라타는데 우리 둘만은 뒤에 처져 있게 되었다. 놀랍고 분했다. 실망에 차서 의사 반장에게 대들었다. 그는 너무나 피곤하고 정신을 차릴 수 없어서 그렇게 된 것이라 변명했다. 그리고 우리는 아직도 탈주를 하려는 것같이 보였다고 했다.

배낭을 등에 대고 우리는 초조하게 앉아서 몇 명 남은 포로들과 함께 마지막 트럭이 오기를 기다리기로 했다. 우리는 요 얼마 동안 겪은 흥분 끝에 지친 나머지 잠시 초소 안의 매트리스를 깔고 누워 버렸다. 요 며칠 간 우리는 마냥 희망과 절망의 파도를 타고 있었다. 우리는 옷과 신발을 걸친 채 떠날 차비를 하고 그냥 잠이 들었다.

총소리와 포성에 잠이 깼다. 섬광탄이 번쩍이었고 총알이 막사 안에까지 스쳐왔다. 바닥에 엎드리라는 의사 반장의 성화였다. 한 포로는 신발을 신은 채 내 머리

윗쪽에서 굴러 떨어져 바로 내 배 위로 떨어지기도 했다. 나는 정신이 바짝 들었다. 전선이 다가오는 것이었다. 이윽고 총성이 멎고 먼동이 텄다. 수용소 문 밖에는 백색기가 휘날리고 있었다.

몇 주일이 지난 뒤 우리는 알게 되었다. 마지막 시간에도 운명은 몇 명 남은 포로들과 희롱을 하고 있었다는 것을. 인간의 결정이란 특히 생사에 관해서는, 그것은 얼마나 불확실한 것이었던가! 우리들과 멀지 않은 곳에 있는 작은 수용소에서 찍힌 사진을 보았다. 그날 밤 자유를 찾아간다고 트럭을 탔던 동료들은 이 작은 수용소에 이송된 뒤, 막사 안에 가두어지고 나서 불길에 타 죽은 것이었다. 군데군데에서 타 죽은 시체는 사진에서도 알아볼 수 있었다. 나는 다시금 〈테헤란의 주검〉을 상기했다.

포로들의 무감각은 방어 수단 이외의 다른 요인 때문이기도 했다.—정상적인 생활에서도 그렇겠지만—기근과 수면 부족과, 또 하나의 요인은 전반적인 짜증이다.
수면 부족은 보건 및 위생 시설이 미비한 데도 원인이 있겠지만 빽빽한 막사 안에 판을 치고 있는 이, 벼

룩 때문이기도 했고, 니코틴이나 카페인이 없다는 사실이 무감각과 짜증을 돋워 주는 요인이 되었다.

이상과 같은 육체적인 원인 말고도 정신적인 것이 원인이 되기도 하는데 그건 콤플렉스 형태로 나타났다. 포로들은 대다수가 일종의 열등 의식에 사로잡혀 있었다. 과거에는 명사였던 우리였건만—또 남이 그렇게 대해준 것이었지만—이제 와서는 존재 가치가 완전히 소멸되고 말았다. 인간의 내적인 가치 의식은 보다 고차적이고 정신적인 것이며 포로 생활로 흔들리는 법은 없다. 그러나 포로는 차치하고, 자유인으로 그와 같은 내적인 가치 의식을 갖춘 사람은 얼마나 될까. 이런 사실을 의식하지 못하고 포로들은 완전히 자기들의 위신이 떨어진 것으로만 생각했다. 이런 형상은 수용소 특유의 사회학적 구조를 대조해 보면 알 수 있다. 남보다 '우수한' 포로, 카포, 요리사, 군수품 관리자 및 수용소 경찰들은 다른 포로들이 겪는 위신 추락을 겪지 않을 뿐 아니라 오히려 그와는 반대로 품위가 올라간 것으로 알고 있었다. 과대망상에 빠진 자들도 있었다. 이들 소수의 특권층에 대한 선망과 불평에 대해서 포로들의 정신적 반응은 가지각색이다. 이런 것은 가끔 농담에서도 나타난다. 한 포로가 다른 포로에게 카포 이야기를 하는 것을 들어본다.

"상상이나 해보시오! 내가 저 친구를 알게 된 것은 그가 고작해야 대은행장이었을 적인데 이렇게 출세를 했다니 복이 아니고 무엇이겠소?"

위신이 추락된 다수와 올라간 소수 사이의 충돌은 음식 분배 등 여러 가지 면에서 일어나기 일쑤인데 폭발적인 결과를 빚어냈다. 그러므로 전반적인 짜증—짜증의 육체적인 원인은 앞서 기술했듯이—은 정신적인 긴장이 따르면 더욱 심해진다.

이같은 긴장은 흔히 전체적인 싸움으로 번져갔다. 무리가 아니었다. 포로들은 구타 장면을 늘상 목격해 왔던지라 폭력에 대한 충동은 커갔다. 배가 고프고 피로할 때 분노가 치밀면 나도 모르게 불끈 주먹이 쥐어지곤 했다. 늘 스토브에 불을 지펴야 했기 때문에 나는 이만저만 피로한 것이 아니었다. 발진티푸스 환자 때문에 밤중 내내 스토브에 불을 피워도 괜찮았던 것이다. 이러는 동안에 나의 가장 목가적인 시간은, 밤이 되어 남들은 모두 헛소리를 하거나 잠이 들어 누워 있는 시간이었다. 나는 스토브 앞에서 팔다리를 쭉 펴고 누운 채 훔쳐 온 몇 개의 감자를 훔쳐 온 숯불에다 구워 먹었다. 그러나 아침이 되면 피로는 더했고 감각은 마비

되어 짜증만 남았다.

 발진티푸스 병동에서 의사로 근무하는 동안 나는 몇 사람 몫의 일을 맡아서 했다. 그 병동의 선임관마저 병에 쓰러지고 말았기 때문이었다. 나는 막사를 늘 청결—청결이란 말이 적용될는지 알 수 없지만—하게 해둘 책임이 있었다. 수용소 당국은 검사라는 미명하에 수시로 막사를 둘러보았다. 그것은 포로들에게 고통을 주기 위한 목적에서였다.

 식량과 의약품이 필요한 것이었지만 검열관들의 유일한 관심사는 복도에 떨어진 지푸라기 한 오라기에 있었다. 때가 새까맣게 끼어 누더기같이 된, 물 것이 들끓는 환자들의 담요가 침대 머리맡에 잘 정돈되었는가에만 관심을 주었다. 막사 안에 있는 인간들의 운명에는 아랑곳없었다. 맨숭머리에 쓴 모자를 벗어 든다. 뒤꿈치를 찰싹 모으고 보고를 한다. 막사 6동 9호 환자 인원 52명, 당직 간호사 2명, 의사 1명. 이렇게 기운차게 보고만 하면 그만이었던 것이다. 그렇게만 하면 검열관들은 아무 말 없이 지나갔다.

 그러나 이들이 올 때까지는—흔히들 몇 시간이 지난 후 나타나거나 어느 때는 숫제 나타나지도 않을 때가 있었다—나는 담요를 정돈해야 하고 벽 침대에서 떨어진 지푸라기를 주워내야 했다. 자리에 누워 몸을 비비꼬며 나의 노력을 헛되게 하려 드는 망나니들에게 고함도 쳐야 했다. 특히 열병 환자들은 감각이 둔했기 때문에 악을 쓰지 않고는 아무런 반응도 내보이지 않았다. 악을 써도 통하지 않으면 혹시 손찌검이 올라갈까 봐 굉장한 자제심을 필요로 했다. 무감각에 부딪히거나 그 무감각 때문에 검열에 잘못 걸릴까 해서 여간 초조해지지 않았다.

수용소에 있는 포로들의 전형적인 특징을 심리학적으로 설명을 하는데 있어서, 내 말은 혹시 인간은 필요 불가결하게 환경에 좌우된다는 것이란 인상을 남길지 모른다. 이런 경우에 환경이란 수용소 생활에서 유일한 요소이고 포로들은 자신들의 행위를 일정한 유형에 맞추어야 한다. 그러면 인간의 자유는 어떻게 된 것인가. 인간이란 생물학적·심리학적, 혹은 사회학적인 제반 조건과 환경의 산물에 불과하다는 학설은 진리인 것인가. 인간이란 이상과 같은 제반 요소의 우연한 산물에 지나지 않는 것인가. 뿐만 아니라, 포로들이 수용소라는 별다른 세계에서 보이는 반응을 보고 인간이란 자기가 위치한 환경의 영향에서 벗어날 수 없다는 증명이 되는 것이 아닐까. 그와 같은 환경 속에서 인간은 행동의 선택이 가능하지 않는 것일까.

이상에 나열한 여러 질문에는 원칙과 경험에 입각해서 능히 해답할 수 있다고 본다. 수용소의 생활 체험에 의하면 인간의 행동 선택은 가능한 것이다. 충분한 예를 들어 볼 수가 있다. 간혹 영웅적인 행동이 있을 수 있는데 이런 경우 무감각은 탈락되고 짜증스러움도 적어진다. 인간이란 무서운 정신적, 육체적인 긴장하에서도 정신적인 자유와 그 심령만은 보존할 수 있는 것이다.

수용소의 생활 체험을 통해서 우리는 기억하고 있다. 막사 안을 다니면서 동료들을 위로하고 자기의 마지막 빵 조각을 동료들에게 나눠 주는 그런 사람들이었다는 것을—이런 사람들은 그 수가 많지 않지만, 다음과 같은 진리를 증명하는데 충분한 증거가 된다. 즉 인간으로부터 다른 모든 것을 빼앗아 갈 수 있지만, 인간의 마지막 자유—다시 말해서 부여된 환경 속에서 자신의 태도를 선택할 수 있는, 자신의 길을 선택할 수 있는 자유—만은 빼앗아 갈 수 없다는 엄연한 사실 말이다.

그리고 선택이란 언제나 가능했다. 나날이, 시간 시간, 결정의 기회가 찾아오는 것이었다. 그 결정이란 우리 자신의 본질과 내적인 자유를 박탈하려는 힘에 굴복하느냐 않느냐의 결정이었다. 또는 자유와 존엄성을 포기하고, 포로들이 대체로 갖는 전형적인 틀 속에 빠져서 그냥 환경의 농작물이 되고 말 것인가 아닌가를 결정하는 것이었다.

이런 점에 비춰 볼 때 포로들의 정신적 반응이란 일정한 물리적이고 사회학적인 조건 반사만은 아닌 것이다.

비록 수면 부족, 식량 결핍 및 여러 가지 정신적인 스트레스 때문에 포로들의 반응은 일정한 양상을 보이긴 하지만 궁극적으로 볼 때 포로들의 인품은 수용소의 영향 그 자체만의 소산이 아니라, 분명 자신의 내적 결정의 결과이다.

그러므로 인간은 근본적으로 누구나 어떠한 환경에서도 정신적이고 영적인 면에서 자신의 길을 스스로 결정할 능력을 갖추고 있다.

수용소 안에서일망정 인간은 인간으로서의 존엄성을 간직할 수가 있다. 도스토예프스키가 언젠가 말한 적이 있다. "내가 두려워하는 일은 내가 받는 괴로움에 보람을 찾을 수 있는가, 없는가."라고.

수용소에서 취한 행동과 괴로움과 죽음을 통해서 인간은 최후의 내적인 자유는 버릴 수 없다는 사실을 스스로 증명해 준 순교자들을 본 뒤부터 나에게도 도스토예프스키의 말이 종종 뇌리를 스쳐갔다. 이들이야말로 자신들의 괴로움의 보람을 찾은 사람들이었다고 말할 수 있으리라. 이들 순교자들이 자기의 괴로움을 견뎌 나간 일이야말로 참다운 정신적 업적이 아닐 수 없다. 누구도 빼앗아 갈 수 없는 이와 같은 영혼의 자유야말로 인생을 뜻있고 목적 있게 만들어 준다.

적극적인 활동 생활은 창조적인 일에서 가치 실현의 기회를 가져다 주고, 향락이란 수동적인 생활은 아름다움, 예술 및 자연을 체험함으로써 충족에 이르는 기회를 가져다 준다. 그러나 창조성과 향락이 거의 없는 생활에서도 목적은 있는 것이다. 오직 고차적인 도덕적 행위라는 한 가지 가능성밖에 없는 생활, 다시 말하자면 외적인 힘 때문에 제약된 존재에 대한 태도 안에서도 목적이 있다는 말이다. 수용소에선 창조적인 생활과 향락적인 생활이 배제되어 있다. 그렇다고 창조성과 향락만이 의의가 있는 것은 아니다.

만약 인생이 조금이라도 의의가 있다면 분명히 괴로움 속에 의의가 있는 것이다. 괴로움이란 운명과 죽음이 그렇듯, 인생에서 빼놓을 수 없는 요소이다. 괴로움을 빼놓고는 인생이란 완성품이 되지 못한다.

인간이란 자신의 운명을, 그리고 그 운명이 몰고 온 괴로움을 어떻게 받아들이느냐, 어떻게 자신의 십자가를 메고 가느냐에 따라 가장 어려운 환경에서도 자기의 인생에 보다 심오한 의의를 보태주는 기회를 마련할 수 있는 법이다.

언제나 용감하고 존엄성을 잃지 않고 또 자기를 희생하는 그러한 인간이 있는가 하면, 어떤 사람은 자기 보존을 위한 무자비한 투쟁 속에서 인간적인 존엄성을 잃고서 한낱 짐승으로 전락하기도 한다.

어려운 환경에 처했을 때 도덕적인 가치를 실현하는 기회를 이용하느냐, 아니면 이 기회를 버리느냐에 따라서 인간의 선택의 기회가 있다. 이런 경우 인간은 자신의 괴로움에 보람을 찾을 수 있는 자신의 존재 여부를 결정짓게 된다.

그렇다고 이와 같은 생각이 현세적인 것이 아니며 현실생활과는 너무 거리가 있다고 여겨서도 안 된다. 이와 같은 고차적인 도덕적 기준에 이르는 사람이란 극소수에 지나지 않는다는 것도 사실이다.

포로들 가운데 오직 몇 사람만이 내적인 완전한 자유를 누렸고 또 이들은 자신들의 괴로움을 통해서 이같은 가치를 실현할 수 있었던 것이다. 이 한 가지 예만 들어 보더라도 인간의 내적인 힘은 외적인 문명을 초월할 수 있다는 것이 충분히 증명되었다. 이러한 사람들은 수용소에만 있지는 않다. 우리는 어디를 가나 운명과 대결해야 하고 자신의 괴로움을 통해서 보람을 얻을 기회를 맞게 되는 것이다.

환자의―특히 불치의 병에 걸린 환자의 운명을 생각해 보자. 나는 언젠가 나이 어린 환자의 편지를 읽어 본 적이 있었다. 친구에게 보낸 그 편지의 사연인즉, 자기 죽을 날은 멀지 않았고 수술을 한다 해도 가망이 없다는 것을 알고 있노라 한 내용이었다. 소년은 계속 말하기를, 자기는 당당하게 위엄있게 죽음을 기다리는 사람들을 소재로 다룬 영화를 기억한다고 하면서 자기도 그들처럼 당당히 죽음을 맞을 수 있는 것을 위대한 일이라고 생각한다고 했다. 그리고 덧붙여 그 소년은 운명이 자기에게도 영화에서와 같은 기회를 주었다고 했다.

톨스토이 작품을 각색한 ≪부활≫이란 영화를 본 사람이라면 누구나 비슷한 생각을 할 수 있으리라. ≪부활≫ 속에는 위대한 운명과 위대한 인물이 존재했다. 그 당시 우리에게는 위대한 운명이란 게 없었고 또 그와 같은 위대한 일을 수행할 수 있는 기회도 없었다. 영화가 끝나자 우리들은 가까운 카페에 들어가 커피 한

잔과 샌드위치를 앞에 놓고 순간적으로 우리의 머리를 스쳤던 야릇한 형이상학적인 생각은 잊고 말았다.

그런데 우리 자신이 몸소 위대한 운명에 봉착하고, 또 그 운명에 똑같은 영적인 위대성을 가지고 대결해야 할 결정에 봉착했을 때 우리는 오래 전에 가졌던 젊었을 적 결심을 까맣게 잊어버리고 패배자가 되고 만다. 사람에 따라서는 그 영화를, 혹은 그와 비슷한 영화를 보게 될 날이 올 것이다. 그러나 그무렵에는 다른 영상이 마음의 눈에 비칠 수 있으리라. 한편의 감상적인 영상보다는 그들의 생애를 통해서 보다 위대한 일을 성취한 인물들의 영상일 것이다.

한 사람의 특정 인물의 정신적 위대성이 생생하게 기억날 수도 있는 것이다. 나도 수용소에서 한 젊은 여인의 주검을 목격했다. 이야기 내용은 간단하다. 어떻게 보면 내가 만들어 낸 이야기같이 들릴지도 모른다. 그러나 그 여인의 이야기는 나에게는 한 편의 시였던 것이다.

이 젊은 여인은 며칠 안에 자기가 죽으리라는 것을 알고 있었다. 그 여인은 내가 말을 걸 때에도 그런 대로 명랑했다. 그녀가 말하는 것이었다.

"운명한테 이처럼 심하게 얻어 맞는 것을 감사하고

있습니다. 저의 과거의 인생은 낭비였습니다. 그때에는 정신적인 업적을 그리 대단찮게 생각했으니까요."

여인은 막사의 창밖을 가리키며 말을 이었다.

"저기 있는 나무는 제가 외로울 때에 유일한 벗이 되어 준답니다."

창을 통해서 밤나무 가지 하나가 눈에 보였다. 가지에는 꽃이 두 송이 피어 있었다.

"저는 가끔 이 나무와 이야기도 나눕니다."

이 말을 듣자 나는 깜짝 놀랐다. 여인의 말을 어떻게 받아들여야 할지 몰랐기 때문이었다. 여인은 헛소리를 하는 것일까. 이따금 환각에 사로잡히는 것일까. 나는 염려스럽게 물었다. 그러면 나무가 대답을 하더냐고.

"그렇고 말고요."

하는 대답에 나는 또 물었다. 나무가 뭐라고 말합디까. 여인의 대답은 이러했다.

"나무는 저한테 말해 줍니다. '나는 여기에 존재하고 있습니다. 바로 여기에요. 나는 생명, 영원한 생명입니다'라고요."

나는 포로들의 자아에 대한 내적인 궁극적인, 책임은 심리적·육체적 제반 요인에 있는 것이 아니고 자유로운 결정의 결과라는 것을 이야기했다.

포로들을 심리학적으로 관찰해 보면 도덕적·정신적 힘을 잃는 사람들만이 수용소의 타락적인 환경에 희생되고 말았다. 그러면 이러한 내적 힘은 어떤 것이었고 또 어떤 것이어야 했느냐의 문제가 나오게 된다.

포로들의 체험담이나 글에서 공통된 일 하나는 수용소 생활에서 가장 실망을 안겨 주는 일은 도대체 얼마동안을 포로의 몸이 되어야 하는지도 알 수 없다는데 있었다. 언제 석방될 것인가 내가 있던 곳에서는 그걸 이야기하는 것조차가 터무니없는 것이었다.

사실상 수용소 생활이란 기한이 책정되어 있는 것도 아니었고 어느때까지인지 알 수도 없었다. 한 유명한 심리학자가 지적하였듯이 수용소 생활이란 '잠정적 생존'인 것이다. 나는 이 말에다가 덧붙여서 '한계도 알 수 없는 잠정적 생존'이라 규정하고 싶다.

수용소에 처음 들어온 사람은 수용소 사정에는 전혀 어둡다. 다른 수용소에 있다가 온 포로들은 침묵 속에 일만 했다. 이곳에서 다른 수용소로 간 친구도 영영 돌아오지 않기도 했다.

수용소에 입소하자 머지않아서 사람들의 마음은 변화한다. 처음의 불안이 가시자, 이 생활이 언제 끝날까 하는 불안이 고개를 쳐든다. 이런 생존이 도대체 언제쯤 끝날는지 과연 끝날 날이 있는지 앞을 내다보기란 불가능한 일이었다.

라틴어 피니스(finis)란 말은 끝이라는 뜻과 목표라는 두 가지 뜻을 가지고 있다. 자기의 잠정적인 생존의 끝이 언제인지를 모르는 사람은 인생에 있어서 궁극적인 목표를 설정해 나갈 수가 없는 것이다. 정상적인 생활을 영위하는 사람들과 비교해 볼 때에 그에게는 미래를 위한 생활이란 존재하지 않게 된다. 이리하여 이런 사람의 내적인 생활구조는 전반적으로 변화되고 조락(凋落)의 징후가 나타난다. 이와 유사한 징후는 인생의 다른 부면(部面)에서 낯익은 현상이다.

한 가지 예로, 실직자가 이와 유사한 처지라 하겠다. 실직자의 생활이란 잠정적인 것이 되고 어느 의미에서는 그는 미래를 위한 생활이나 목표를 설계할 수가 없다. 실직된 광부를 상대로 조사한 것을 보면, 이들은 실직 상태에서 오는 정신적인 '병든 시간' 때문에 고통을 받는다는 것이다. 포로들도 역시 이와 같은 이상한 '시간 경험'의 피해자이다. 수용소에서는 시간 단위—하루를 단위로 보자—가 줄곧 고통과 피곤으로 메워져서 끝이 없는 듯했다.

일주일이라는 좀 큰 시간 단위는 빨리 지나간 듯했다. 그러니까 하루가 일주일보다 더 오래 간다고 하겠다. 이런 관념은 포로들에게 공통적인 것이었다. 수용소에서의 시간 관념이란 이상과 같은 역설적인 성격을 띠고 있다.

 이와 관련해서 토마스 만의 ≪마의 산≫을 생각해 본다. 이 작품 속에는 몇 가지 예리한 심리학적인 견해가 서술되어 있다. 토마스 만은 이 작품에서 언제 퇴원할지 기약할 수 없는 요양소의 결핵환자들을 등장시켜서 이와 비슷한 환경에 놓인 사람들의 정신적인 성장을 다루고 있다. 이 환자들은 미래도 목표도 없이 지내는 수용소 생활과 유사한 생존을 경험하고 있다.

 포로 한 사람은, 자기가 처음 역에 도착되어서 곧 신입생의 대열에 끼어 들어 수용소까지 행진해 온 경험을 말하기를, 정녕 자기 자신의 장례식에 참석하고 있는 듯한 기분을 느꼈다는 것이다.

 그 포로에게는 미래가 없었다. 그는 이미 죽은 사람이나 다름이 없었고, 그의 인생은 끝장이 난 것이었다. 이러한 소위 생명 부재 의식은 기타의 요인이 겹쳐 더욱 심하다. 가장 뼈저리게 찾아드는 생각은 수용소 생활의 종말이 언제 올지 모른다는 막막한 생각이다. 공간적으로 볼 때 수용소란 극히 한정된 장소에 지나지 않지만 철조망 바깥 세계의 일은 일체가 요원하고 손이 미치지 못하는, 말하자면 비현실 세계가 되고 만다. 수용소 밖에서 사는 사람들과 일체의 정상적인 생활은 포로들의 눈에는 유령 같은 모습으로 보일 따름이다. 바깥 세계는 포로의 눈에는 마치 저승에서 사자(死者)들이 쳐다보는 것 같은 모습으로 나타난다.

미래에 대한 목표가 없기 때문에 전락의 길로 떨어져 가는 사람은 회고적인 생각에만 잠기고 말았다.

이와는 달리 포로와 현실의 참담함을 이겨 나가기 위해서 과거를 생각하게 된다는 것은 이미 지적한 바다. 그러나 현재를 없애는 일은 위험하다. 수용소 생활에서도 적극적인 것을 만들어 내는 기회가 있지만 이런 기회는 그냥 지나치기가 일쑤다.

잠정적인 존재를 비현실적이라고 보는 자체가 인생에 집착하는 힘을 잃게 하는 중요한 계기가 되었다. 이같이 해서 모든 일은 지표를 잃고 마는 것이었다. 그렇게 되니, 사실 인간에게 정신적인 성장을 가져다 주고, 자신을 초월하게 해주는 것이 포로 수용소라는 어려운 외적인 환경이란 것을 모른다. 이런 포로들은 수용소에서 닥쳐 오는 어려움을 자신들의 내적인 힘을 테스트하는 것으로 보지 않았다. 이들은 자기 인생을 진지하게 받아들이는 법이 없이 그저 무가치한 것으로 일축해 버리는 것이었다. 이들은 현실에 눈을 감고 과거에 살기를 원했다. 그러므로 이런 사람들에게 인생이란 의의가 없었다.

물론 정신적으로 초월의 경지에 이른 사람은 그 수가 많지 않았다. 그러나 이들 소수야말로 현실적인 패배와 죽음을 통해서 인간적인 위대함을 성취할 수 있는 기회를 부여받았다 하겠고, 이들은 정상적인 환경 속에서는 그러한 큰 일을 이룰 수 없었을 것이다.

그 외 우리와 같은 범용하고 미온적인 사람들에게는 비스마르크가 한 말이 적절하겠다.

"인생이란 치과의사 앞에 앉아 있는 격이다. 아직 고비가 지나가지 않았다고 생각을 하고 있는데 고비는 이미 지난 것이다."

바꾸어 말하자면, 수용소에 있는 사람들은 대개가 인생의 진정한 기회는 지나가 버렸다고 믿고 있었다는 것이다. 그런데 사실은 어려움과 기회는 아직도 잠재하고 있었다. 수용소에서의 체험을 통해서 정신적인 개가를 올릴 수 있는 사람이 있는가 하면, 이와는 반대로 닥치는 도전을 간과함으로써 대다수의 포로들은 인생을 그냥 무위도식으로 끝내고 만다.

 포로들이 수용소에서 입은 정신적 및 병리학적인 외상을 정신요법이나 정신위생학적으로 치료하고자 할 때에는 우선 포로들에게 미래에 대한 목표 설정을 해주고, 내적인 힘을 길러 주는 것을 위주로 해야 한다.
 그 중에는 본능적으로 스스로 그런 길을 찾아내는 사람도 있었다. 인간이란 묘한 존재여서 미래를 기약함으로써 생존이 가능한 존재이다. 미래를 사는 동물이라고 할까. 그것 때문에 비록 때로는 무리하게 마음을 쓰기도 하지만, 그것은 가장 어려운 시기에 인간이 얻을 수 있는 최대의 구원이다.
 나에게는 잊을 수 없는 체험이 있다. 신발은 다 닳고 심한 발병 때문에 눈물이 날 지경인데도 나는 수용소에서 공사장까지 몇 킬로미터나 되는 길을 긴 행렬에 끼어 절뚝이며 걸어가고 있었다. 혹한의 날씨에다가 매서운 바람이 모질게 불고 있었다. 나는 우리들의 비참한 생활에 관련된 자질구레한 일들을 끝없이 생각하고 있었다. 오늘밤 식사에는 무엇이 나올까. 혹시 순대가 하나 덤으로 나오게 되면 그것을 가지고 빵 하나와 바꾸어 볼까. 두 주일 전에 보너스로 받아서 아직 피우지 않고 둔 담배 한 개비를 가지고 수프 한 그릇과 맞바꾸어 볼까. 신발 끈 하나가 동강이 났는데 무슨 요량으로 대용 철사를 구해 낼까. 공사장에는 제 시간에 맞추어 나의 작업반에 낄 수 있을까, 아니면 다른 데로 들어가서 고약한 감독을 만나면 어떻게 하나. 카포와 잘 사귀려면 어떻게 해야 하나. 카포라면 날마다 지겨운 행군을 모면하고 수용소 안에서 머무를 수도 있으련만.

 나는 날이면 날마다 나도 모르게 이같은 보잘것없는 일만 생각하는 꼴이 지겨워지고 말았다. 나는 생각을 다른 데로 돌리려고 애를 썼다. 그러자 갑자기 전등이 환히 켜 있고 아늑한 강의실 앞에 내가 서 있는 것이 아닌가. 앞 줄에는 열중한 청중들이 안락의자에 앉아 있다. 나의 연제는 〈수용소의 심리학〉이었다. 그순간 나를 숨막히게 하던 온갖 일들은 객관화되고 과학적인 초연성으로서 고찰되었다. 이와 같은 방법으로 나는 어느 정도는 나의 환경과 순간의 괴로움을 초월할 수 있었고, 괴로움은 지난날의 것이 되고 말았다. 이리하여 내가 겪는 어려움은 흥미있는 심리학적 및 과학적 연구의 대상이 되고 말았다.

 스피노자는 그의 《윤리학》에서 무엇이라 했던가.
 "괴로움이란 그 정체를 파악하고 나면 이미 괴로움이

되지 않는다."고 하지 않았던가.

 자신의 미래에 대한 신념을 상실한 포로는 가망이 없었다. 왜냐하면 미래에 대한 신념을 상실하고 나면 정신적인 힘마저 잃고 말기 때문이다. 그리하여 이같은 포로들은 스스로 타락의 길을 걷게 되고 육체적인 파멸에 빠지고 마는 것이었다.
 이런 현상은 흔히 위기를 몰고 온다. 이렇게 해서 들이닥치는 위기의 증상은 노련한 포로들에게는 낯익은 증상이다. 우리는 모두 이러한 순간을 두려워했다. 자신이 아니라 친구들을 위한 걱정이 컸던 것이다. 위기의 첫 증상으로는 포로가 갑자기 옷을 입는 것을 거절한다. 세수하는 것을 거절하고, 연병장에 나가는 것을 거절한다. 주변에서 아무리 애원을 해도 두들겨 패도, 위협을 해도 아무런 효과가 없다. 그저 누워서 몸을 까닥도 않는다. 병마가 위기의 원인이 된다면 환자는 병동에 이송되는 것도 거절하고, 그밖에 자기에게 도움이 되는 일이란 일체 받아들이지 않는다. 한 마디로 자포자기다. 그리하여 자기의 오물 위에 누워 버린 채 아무 일에도 신경을 쓰지 않는다.
 미래에 대한 신념의 상실과 위에 든 위험한 자포 자

기와의 밀접한 관계를 다음과 같은 실례에서 나는 뚜렷이 보았다.

F씨는 내가 소속된 병동의 선임관이며 유명한 작곡가이고 대본작가이기도 했다. 그는 어느 날 나에게 속마음을 털어 놓았다. 그가 말했다.

"의사 선생님! 한 마디 드릴 말씀이 있습니다. 저는 이상한 꿈을 꾸었습니다. 사람의 목소리가 들렸습니다. 그 목소리는 나의 소원을 이야기하라는 것이었습니다. 또 제가 알고 싶은 것이 있거든 말해 보라는 거였습니다. 그러면 모든 해답을 얻게 된다는 것이었습니다. 의사 선생님, 제가 어떤 것을 물어 보았는지 아십니까? 저는 물었습니다. 이 전쟁이 나한테서 언제 끝나게 될지 알고 싶다고 했습니다. 무슨 말씀인지 아시겠지요, 의사 선생님! 나한테서 언제 끝나느냐는 말입니다. 언제 해방을 맞이해서 우리들의 고통이 종식될 것인가 이를 데 없이 궁금했습니다."

나는 그에게 물어 보았다. 그 꿈을 언제 꾸었느냐고. 그는 '1945년 2월'이라 대답하는 것이었다. 우리가 이야기를 나누고 있을 때는 3월 초순이었다. 나는 계속해서 물었다.

"꿈 속에서 들리는 목소리가 뭐라 합디까?"

그는 가만히 나에게 귓속말로 들려 주었다.

"3월 30일."

F씨가 나에게 자기 꿈 이야기를 들려 주던 그때까지만 해도 희망에 부풀어 있었다. 그는 꿈 속에서 들은 목소리가 들어맞을 것이라고 확신하고 있었다. 그러나 F씨가 기약한 날이 가까워 왔을 때 수용소에 들려온 전황 뉴스에 의하면, 그가 기약한 날에 우리들이 석방될 가능성은 극히 희박한 것이었다.

3월 29일에 F씨는 갑자기 병이 나고 말았다. 신열이 마구 오르기 시작했다. 예언의 목소리가 그에게 전쟁과 고통이 끝나리라고 했던 3월 30일, 바로 그날에 그는 헛소리를 내며 의식을 잃고 만 것이었다. 3월 31일에 그는 죽었다. 겉으로 볼 때 그의 사인(死因)은 발진티푸스였다.

인간의 정신 상태—용기와 희망이라든가 이와 반대의 경우—와 육체의 면역 상태와의 밀접한 관계를 아는 사람은, 희망과 용기를 갑자기 잃게 되면 무서운 결과가 초래된다는 것을 알 수 있을 것이다. 나의 친구 F의 죽음의 궁극적인 원인은 그가 그렇게 기다리던 해방이 오지 않았다는 데 있었다. 그 때문에 크게 실망한 그의 몸은 잠재적인 발진티푸스 병균에 저항력이 약화되었던 것이다. 미래에 대한 신념과 생존에의 의지는 마비되었고 그의 육체는 병마의 희생물이 되고 말았으니 결국 그의 꿈 속의 예언은 적중하게 된 셈이었다.

이상과 같은 실례를 고찰해서 얻은 결론은 내가 있던 수용소의 의사 반장이 나에게 들려준 이야기와 일치하였다. 그 사람의 말에 의하면 1944년 크리스마스에서 1945년 새해를 맞는 일주일 동안의 사망률은 다른 어느 시기보다도 기록적인 증가를 보였다고 한다. 그 사람의 의견으로는 이와 같은 사망률의 급격한 증가는 어려운 노동 현황이나 식품 공급의 악화, 일기 불순, 혹은 전염병의 만연이 원인이 아니란 것이었다.

포로들의 대다수는 크리스마스까지는 귀향하게 되리라는 순진한 희망 속에서 살고 있었기 때문이란 것이다. 벼르던 때가 왔어도 희망적인 소식이 없자 포로들은 용기를 잃게 되었고 실의에 빠져 버렸다고 보고 있다. 이런 까닭으로 포로들은 저항력을 상실했고 이로 말미암아 많은 사람들이 희생물이 되었다고 했다.

이상에서 지적한 바와 같이 수용소에서 포로들에게 내적인 힘을 되찾도록 하기 위해서는 그들에게 먼저 무엇인가 미래에 대한 목표를 설정해 주지 않으면 안 되었다.

"사는 이유가 있는 사람은 어떻게 사느냐의 방법은 별로 문제가 되지 않는다." 라고 했던 니체의 말은 포로들에 관한 정신요법 및 정신위생의 향상에 필요 불가결한 격언이 아닐 수 없다.

포로들과 접촉할 기회가 있을 때마다, 그들의 인생에 '왜' 사는가 라는 목표를 부여함으로써 그들이 당면하고 있는 현실의 참혹상을 견딜 수 있는 힘을 길러 주는 일이 필요하다.

자기의 인생에 아무런 의의도 목표도 목적도 없기 때문에 인생을 살아 나갈 의지를 잃은 사람에겐 오직 슬픔이 있을진저! 이들은 머지않아 멸망이다. 옆에서 들려 주는 장려의 충고를 일체 받아들이려 하지 않는 사람들은, "난 인생에 있어서 더이상 기대할 것이 없다."고 한결같은 대답을 해왔다. 이에 대해 어떠한 해답을 제공해 줘야 하는 것일까.

진정 필요한 일이란 인생에 대한 우리들의 태도를 근본적으로 바꾸는 일이다. 우리들 스스로의 교훈을 삼아야 하고 나아가서는 절망에 허덕이는 사람들에게 가르쳐 주어야 할 일은 인생에서 무엇을 기대하는 것이 중요한 것이 아니라 인생이 우리에게 무엇을 기대하고 있는가였다. 그러니까 우리는 인생의 의의에 관해서 묻지를 말고 오히려 매일 매시각 인생으로부터 질문을 받고 있다고 보아야 한다. 우리가 인생에게 주는 대답은 용맹과 명상이 아니요 올바른 행동, 올바른 행위가 되지 않으면 안 된다. 인생의 궁극적인 의의는, 책임의식을 가지고 인생 문제에 올바른 대답을 찾아 보고 인생이 각자에게 끊임없이 부과하는 일을 성취하는데 있는 것이다.

인생의 의의란 사람 개개인에 따라서 다르고 순간마다 다르다. 그러므로 인생의 의의를 일반적으로 정의한다는 것은 불가능하다. 인생의 의의에 관한 질문은 일괄적으로 해답이 되지 않는다. 인생이란 막연한 것이 아니요, 실제적이고 구체적인 것을 뜻한다. 마치 일상의 일이 그러하듯이.

우리가 해나가는 일은 인간의 운명을 형성해 주며, 인간의 운명이란 개인에 따라서 동일하지 않고 특유한 것이다. 인간이란 누구나 다른 사람과 비교될 수 없고 또한 어떤 사람의 운명도 다른 사람의 운명과 비교할 수 없는 것이다.

어떠한 상황도 되풀이되는 법이 없다. 상황마다 우리가 취하는 반응은 달라진다. 때때로 인간이 처한 상황은 우리에게 행동으로써 스스로의 운명을 처리해 나갈 것을 요구하고, 또 어떤 때에는 명상 속에서 실리를 도모한 것이 유리한 경우도 있다. 때에 따라서는 운명을 순순히 받아들이고 십자가를 메고 가야 한다. 상황마다 특유한 것이며, 상황이 던진 당연한 문제에 대한 올바른 해답은 언제나 한 가지일 뿐이다.

괴로워하는 것이 자기의 운명인 것을 알았을 때에는 인간은 괴로워하는 것을 의무로 알고 이를 감수해야 한다.

이 임무는 오직 자기만이 맡은 유일한 일로 알아야 하고 괴로워하는 경우 이세상에서 자기의 존재는 유일하다는 것, 그리고 괴로워하는 것은 오직 자기 혼자뿐이란 것을 인정해야 한다. 그 누구도 그가 당하는 괴로움을 덜어줄 수 없고 또 자기를 대신해서 괴로움을 떠맡을 사람도 없다. 인간은 자기의 짐을 스스로 메고 가는 것이다.

포로 신세인 우리에게 있어서 이상과 같은 생각은 비현실적인 사유(思惟)가 아니었다. 우리에게 유일한 구원이었을 뿐이다. 이같은 생각을 하고 있었기 때문에 우리는 영원히 돌아갈 것 같지 않은 때에도 절망하지 않았다. 인생의 의의가 무엇인가의 단계는 오래 전의 일이었다. 인생이란 가치 있는 것을 적극적으로 창조함으로써 어떤 목적을 달성하는 것이 아니겠느냐 하는 천진한 물음이다. 인생의 의의란 우리에게는 삶과 죽음, 괴로움과 빈사 상태 등 좀더 폭넓은 개념을 내포하고 있다.

괴로움의 의의를 알고 있는 이상, 우리는 수용소에서의 고충을 없다고 간주하거나 또는 헛된 환상이나 인위적인 낙관주의에 영향을 받아 이 고충을 가볍게 스쳐 버리려고 하지 않았다. 괴로움이 오면 그것을 피해서는 안 될 임무라고 여겼다. 우리는 괴로움 속에서도 성취의 기회를 포착하려고 했다.

시인 릴케가 말한, "끝마칠 괴로움은 많기도 하다."라는 그런 기회였다. 릴케는 괴로움을 끝마친다는 말을 마치 남들이 일을 끝마친다고 하는 말처럼 쓰고 있다. 우리에게는 견뎌 나갈 괴로움이 많았다. 그러므로 괴로울 때에는 그 괴로움을 있는 그대로 받아들이도록 했고 눈물과 실의의 순간을 최소한으로 줄이려고 했다. 그렇다고 눈물을 부끄럽게 여길 필요는 없었다. 눈물이야말로, 사람으로 하여금 가장 위대한 용기로서 괴로움을 견뎌 나갈 수 있게 하는 증거이기 때문이다. 이런 사실을 깨닫고 있는 사람은 소수에 불과하다.

어떤 사람은 "아무 체면도 없이 마구 울어 버렸노라."

고 고백을 하기도 했다. 즉, 부종으로 고생하는 사람에게 동료가 묻기를 어떻게 아픔을 견뎌 가느냐고 하자 그는 대답하기를, "온 심장이 터져라고 울었습니다."라고 했다는 것이다.

정신요법 및 정신위생은 수용소 안에서의 개개인이나 집단에서 시작했다. 개개인의 정신요법은 일종의 '구명 절차'인 경우가 있다. 흔히 자살 예방책이었다고 할까. 수용소에서는 자살을 하려는 사람을 방해하는 것을 엄격히 규제하고 있다. 예를 들면 어떤 사람이 목을 매어 자살을 기도할 경우, 자살을 만류하기 위해 목맨 줄을 베어서 이를 구하는 일이 금지되어 있었다. 그러므로 자살 기도를 미연에 방지하는 것이 무엇보다도 중요한 일이었다.

나는 두 사람의 자살 미수자를 알고 있다. 이 두 사람은 아주 닮은 데가 있었다. 두 사람은 서로의 자살 의욕을 이야기했고 다같이 인생에 더이상 기대할 수 없다는 공통점을 가지고 있었다. 그래서 이 두 사람을 상대할 때, 문제의 초점을 인생이 그들에게 기대할 것이 있다는 사실을 각성시켜 주는데 두어야 했다. 지금은 아니라도 앞으로 그렇다는 것이다.

사실을 알고 보니 그 중 한 사람은 사랑하는 아들이 외국에서 그를 기다리고 있었고, 또 한 사람은 그가 완성시킬 일이 있었던 것이다. 후자는 과학자였고 책 몇 권의 저자이기도 했으나 자기의 저술을 완성하지 못한 사람이었다. 그의 저술은 그 사람 아니고는 불가능한 것이었다. 마치 아버지 아닌 다른 사람이 아들에 대한 아버지의 애정을 대신할 수 없듯이.

이상과 같은 개개인이 가지고 있는 특이성과 유일성은 각자의 생존에 의의를 부여하며 그것은 인간에 대한 사랑과 창조적인 일에 관련이 된다. 한 인간을 다른 인간과 대체시킬 수 없다는 것이 인식되면 인간의 생존과 그 책임은 엄청나게 큰 모습을 띠고 나타난다. 자기를 그리워하며 기다리는 사람이 있거나, 자기만이 완성시킬 수 있는 미완성의 일이 있는 사람은 그 책임감 때문에 결코 자기의 생명을 포기하는 법이 없다. 이 사람에게는 존재의 이유가 있기 때문에 어떻게 살아가느냐는 방법을 견뎌 나갈 수 있는 것이다.

집단적인 정신요법은 수용소 내부에 한정이 되어 있다. 효과적인 것은 말보다 행동이었다. 당국과 동조하지 않는 막사의 선임관은 자신의 올바른 행동으로써 그

밑에 있는 사람에게 지대한 도덕적인 영향력을 행사할 수 있는 기회가 많이 있었다. 직접적인 행동이야말로 언어보다 효과적이다.

그러나 때로는 언어도 효과적인 것이었다. 특히 외적인 환경 때문에 정신적으로 감수성이 예민해진 경우였다. 이와 같은 환경 속에서 나는 포로들에게 정신요법을 시도해 볼 수 있는 기회가 있었다.

재수 없는 날이었다. 사열식 때였는데 당국은 이것저것 예를 들어 가면서 앞으로는 그러한 일은 일체 사보타지로 보고 교수형에 처하겠노라 발표했다. 헌 담요에서 조각을 베어다가 발목을 싸는 일 기타 아주 대수롭지 않는 절도 등 처벌 대상을 예로 드는 것이었다. 며칠 전에 기아에 허덕인 나머지 포로 하나가 감자 파는 매점에 들어가서 몇 파운드의 감자를 훔친 사실이 드러나고 말았다. 포로 가운데는 감자를 훔친 주인공이 누구인가를 아는 사람도 있었다. 수용소 당국에선 절도범을 인계하라고 성화였다. 그렇지 않으면 전 수용소가 하룻동안 굶주리게 될 것이라 했다. 이때 우리들 2천5백 명은 물론 단식을 선택했다.

단식을 하던 바로 그날 저녁에 우리들은 모두 흙 막사 안에서 우울한 기분으로 누워 있었다. 말하는 사람도 거의 없었다. 어떠한 말에도 짜증이 나게 마련이었다. 이때 설상가상으로 불이 나갔다. 불쾌지수가 최고조에 이르렀다. 우리 막사의 선임관은 현명한 사람이었다. 그는 그순간 모든 사람이 생각한 바를 두고 짤막한 이야기를 들려 주었다.

그는 지난 며칠 동안 병마나 자살로 죽은 많은 동료들의 이야기를 했다. 그리고 동료들이 죽은 근본 원인이 무엇이었겠는가 하는 문제를 제기했다. 원인은 희망을 포기한 데에서 비롯한 것이라 했다. 그는 이어 말하기를 앞으로는 이와 같은 극도의 사태가 일어나지 않도록 무슨 대책을 강구해야겠다고 했다. 그리고 나서 선임관은 나를 가리키면서 어떤 조언을 요청하는 눈치였다.

나는 심리학적인 이론이나 무슨 설교 같은 것을 들고 나설 기분이 아니었다. 동료들에게 그들의 영혼을 달래 주는 어떤 의학적인 요법을 시도할 생각이 나지 않았다는 것이다. 추위에 허기는 지고 짜증과 피로뿐이었다. 그러나 나는 이 드문 기회를 최대한으로 선용하기로 했다. 동료들에게 용기를 갖게 하는 일이야말로 그 어느 때보다 필요했다.

그래서 나는 우선 아주 사소한 위안을 들고 나왔다. 2차대전이 발발한 후 겨울을 여섯 번이나 맞이한 이 시점에서 유럽의 현실은 우리가 생각하는 것처럼 그렇게 절망적은 아니라고 스스로 물어 보라고 했다. 지금까지 입은 피해로 진정 돌이킬 수 없는 것이 무엇인가. 내 생각으로는 그렇게 큰 손실은 없는 것 같다고 했다.

아직도 살아 있는 사람에게는 희망을 버리지 못할 충분한 이유가 있었다. 건강, 가족, 행복, 직업적 재간, 재산, 사회적 지위—이런 모든 것은 다시금 되찾아질 수 있는 것이 아닌가. 어쨌든 우리는 아직 뼈대가 성하고 우리가 겪은 체험은 앞으로 우리들의 재산이 될 수 있는 것이 아닌가. 그리고 나는, "나를 죽이지 못한 것은 나를 더 굳세게 만든다."라고 했던 니체의 말을 인용했다.

그리고 나서 나는 미래를 이야기했다. 미래는 분명 희망이 없어 보이는 게 당연하리라고. 개개인의 생존의 가망성이 얼마나 희박한가를 예측할 수 있다는 사실을 나도 수긍한다. 수용소에 발진티푸스 같은 전염병이 없다손치더라도 내 자신의 생존 확률은 20대 1밖에 안 된다는 계산이 나오는 것이다. 그러나 이러한 현실에도 불구하고 나는 희망을 잃거나 포기하지 않노라고 했다. 미래는 고사하고, 한 시간 뒤에 어떤 일이 생겨날지 아무도 알 수 없지 않은가. 비록 가까운 시일 안에 대단한 군사적인 사건을 기대할 수 없다 하더라도 가끔 예기치 못한 일이—적어도 개인적인 면에서—찾아온다는 것은 수용소 생활을 체험한 우리에겐 너무나 잘 알려진 사실이 아닌가. 예를 들어서 작업 조건이 유달리 좋은 특별반에 뜻밖에 배속이 되는 경우 등이다. 이런 것도 포로들에겐 하나의 커다란 행운이 아니겠는가.

나는 미래와 미래를 드리우고 있는 장막에 관해 이야기한 것은 물론 과거에 관해서도 이야기했다. 지난날의 온갖 환희와 빛은 현재의 암흑까지 비춰 주고 있는 것이다. 나는 설교하는 목사와 같은 인상을 피하기 위하여, "인간의 체험은 이세상의 어떤 것도 빼앗아 갈 수 없노라." 했던 어느 시인의 시구를 인용했다.

우리의 체험은 물론, 우리의 온갖 행위와 사건, 우리의 사상과 우리가 겪은 괴로움은 시간의 흐름 속에 말살되는 것이 아니요 항시 현존하는 것, 다시 말해서 과거도 역시 존재의 한 양상이며 어쩌면 더 확실한 존재가 될 것이란 이야기였다.

그리고 나서 나는 인생에 의의를 부여해 줄 수 있는 많은 기회를 상기시키기도 했다. 몸을 까딱도 하지 않은 채 가끔 한숨만 몰아쉬는 동료들을 향하여, 인간생활이란 어떠한 환경에 처해서도 언제나 의의가 있는 것이며 이같은 인생의 끝없는 의의 가운데는 괴로움과 죽음 그리고 곤핍이 포함된다고 했다. 캄캄한 막사 안에서 나의 말에 진지하게 귀를 기울이고 있는 이 가엾은 군상들에게 우리가 당면한 중대성에 정면으로 맞서라고 했다. 우리의 투쟁이 가망이 없다 해도 인간의 존엄성과 인생의 의의는 사라지지 않는다는 자신을 가지고 용기를 잃지 말기를 당부했다. 나는 말을 이어 갔다. 친구나 아내, 산 사람이건 죽은 사람이건 그 누군가가—아니면 신이 우리를 지켜보면서 우리가 그들에게 실망을 시키지 않기를 바라고 있는 것이라 했다. 그들은 누가 되었건 우리가 스스로의 괴로움을 의연하게 받아들이기를 바라고 있으며, 그들은 우리의 비참해지는 모습을 바라지 않을 것이라 했다.

마지막으로 나는 늘 닥치는 우리의 희생으로 화제를 옮겼다. 희생이란 원래 평범한 세계, 물질적인 성공만이 중요시되는 그러한 세계에서는 아무런 의의도 없는 것같이 보이게 마련이다. 그러나 실제로 우리의 희생에는 의의가 있는 것이었다. 종교적인 신앙을 가지고 있는 사람은 나의 말을 쉽사리 이해할 것이라 솔직하게 이야기했다. 나는 한 친구의 이야기를 예로 들었다. 그 친구는 수용소에 들어온 즉시 하나님과 협약을 맺었고 그는 자신의 괴로움과 죽음이 사랑하는 인간들을 괴로운 종말에서 구원해 주리라고 믿고 있었다는 이야기였다. 이 친구에게 괴로움과 죽음이란 의의가 있었다. 그의 희생은 극히 심오한 의의가 있었다. 그는 헛되이 죽고 싶지 않았다. 아무도 헛되이 죽고 싶은 사람은 없으리라.

나의 이야기의 목적은 사실상 희망이 없는 막사 안의 상황 속에서 인생의 의의를 찾자는데 있었다. 그러한 나의 노력은 성공한 것같이 보였다. 전등이 다시 켜졌다. 비참한 모습을 한 동료들이 눈물을 글썽이며, 절뚝거리는 다리를 안고 나에게로 와서 감사의 표시를 했다. 그러나 여기서 고백해야 할 것은 나는 괴로움을 당하는 동료들과 접촉할 수 있는 내적인 힘—용기—을 가질 수 있는 기회가 거의 없었다는 것과, 그 때문에 많은 기회를 놓치고 말았다는 사실이다.

다음엔 정신적 반응의 제3기에 해당하는 석방 후의 심리를 고찰해 보자. 우선 이에 앞서 심리학자들—특히 직접적인 체험이 있는—에게 번번이 제기되는 다음과 같은 의문을 생각해 보기로 한다. 즉 수용소의 감시병들의 심리학적 구성요소는 어떤 것인가. 대체 사람의 탈을 쓰고 어떻게 그러한 잔인한 짓을 할 수 있는가. 이들의 잔인성을 목격하고 사실을 알게 되면 그같은 일이 어떻게 해서 가능한가를 누구나 묻지 않을 수가 없을 것이다. 이상의 의문에 해답을 찾기 위해서 다음 몇 가지를 지적해 두지 않을 수 없다. 첫째, 감시병 중에는 순수한 임상학적인 의미에서 가학증 환자(사디스트)가 있었다는 사실.

둘째, 이같은 사디스트들은 가장 잔인한 감시병을 필요로 할 때에 수용소 당국이 선발했다는 사실이다.

공사장에서는 즐거운 일도 있었다. 매서운 서릿발을 짓밟고 두어 시간 작업이 끝나면 우리는 나뭇가지와 토막으로 불을 지핀 난로 앞에서 잠깐 불을 쬐도 좋다는 허락을 받는 경우였다. 그러나 이같은 즐거움을 못 갖도록 심술을 부리는 것을 유일한 낙으로 삼는 감독이 있었다. 이들은 우리에게 불을 못 쬐게 하고서는 훨훨 타는 불길을 눈 속에다 내동댕이치고서 만면에 회색을 띠는 것이었다.

친위대원들은 못마땅한 친구가 있으면 사디스트를 등장시켜, 잔인한 훈련을 받은 이들 사디스트에게 욕을 당하게 하였다.

셋째, 대다수의 감시병들은 다년간 수용소의 잔인한

방법을 목격하고 살아온 터라 일종의 면역이 되어서 감정이 둔화되었다는 사실을 지적해야 한다. 이렇게 도덕적으로 정신적으로 경화된 사람들은 가학적인 일에 적극적인 참여는 않는다손치더라도, 남이 그런 잔인한 행동을 할 때 막지는 않았다.

넷째, 감시원 가운데는 포로들에게 동정을 베푼 사람도 있었다는 사실을 지적해 두고 싶다. 내가 석방될 무렵에 있었던 수용소의 경우만을 이야기하기로 하겠다. 석방 후에 알게 된 일인데 그 수용소 소장은—의사들도 그러한 사실을 알고 있었다고 한다—적지 않은 돈을 직접 자기의 호주머니를 털어 인근 도시의 시장에 가서 포로들을 위해 약품을 구입했다고 한다.

어떤 사람이 수용소 감시병이었고 혹은 포로였다는 사실만으로는 문제 해결에 큰 도움이 되지 않는다. 어느 집단엘 가나 인정이란 샘이 있고 이는 아무리 저주받은 집단에서도 예외가 아니다. 그래서 집단과 집단을 양분시키는 경계선은 확연치 않다. 이런 사람은 천사요, 저런 사람은 악마라고 규정을 지어서 문제를 단순화해서는 안 된다. 어떤 감시병이나 감독이 수용소의 온갖 영향 밑에서도 포로들에게 친절히 대해 주는 것은 분명히 커다란 공적이 아닐 수 없었고, 이와는 반대로 동료 포로들을 학대하던 사람들의 비열한 짓이란 유달리 멸시의 대상이 되었다. 포로들은 이같은 고약한 친구한테 인격적 모독을 받은 것을 분하게 여겼고 반면 감시병들한테서는 사소한 친절에 깊이 감동을 했다.

어느날 감독이 나한테 빵 한 개를 준 적이 있었다. 그 빵은 아침 식사 때에 배급받았던 것을 아껴 두었다가 준 것이었다. 그때 나에게 마음속 깊은 곳에서부터 감동의 눈물을 흘리게 한 것은 그 빵도 빵이려니와 빵을 주면서 나에게 보내온 그 사람의 인간적인 말씨와 표정 때문이었다.

지금까지의 사실을 비추어 보면 이세상에는 두 종류의 인종이 있다는 것을 알게 된다. 인간적인 품위를 지니고 있는 종족과 품위가 없는 종족이다. 이 두 가지 종족은 어디를 가도 있고 사회의 어느 집단에서도 찾아볼 수 있다. 어느 집단도 한 인종으로 구성된 곳은 없다. 이러한 의미에서 순종으로 된 집단은 없다. 그러므로 수용소의 감시병 가운데에도 간간이 인간적인 품위를 지니고 있는 친구들이 있었다.

수용소 생활은 인간의 영혼을 적나라하게 열어 젖히고 영혼의 바닥까지도 들추어냈다. 영혼의 밑바닥에 이르자 우리는 다시금 인간성 그 자체가 선과 악의 혼합

물인 것을 발견하게 되었다. 각계 각층의 인간들을 총망라해서 선과 악을 구별짓는 선은 제일 밑바닥에까지 이르고 수용소 안에서 들추어진 영혼의 밑바닥에서도 선악의 선은 뚜렷하게 나타났다.

다음은 수용소 심리학의 마지막 부분으로서 석방 이후의 포로들의 심리를 살피기로 한다. 이것은 개인적인 일이겠지만, 나는 석방의 심리를 묘사하는데 있어서 수용소 정문에까지 걸어나간 이른 아침부터 이야기의 실마리를 추려 나가려고 한다. 그무렵 정신적인 긴장은 정신적인 이완을 가져왔다. 그렇다고 포로들이 기쁨에 미쳐서 날뛰었으리라고 생각한다면 그것은 그릇된 관찰이 될 것이다. 그러면 석방의 순간 어떤 일이 생겼을까.

우리들 포로들은 지친 발걸음을 이끌고 수용소 정문까지 당도했다. 겁먹은 시선을 두리번거린다. 의아스럽다는 듯 포로들은 서로가 힐끗힐끗 쳐다보는 것이다. 그런 다음 큰 마음이나 먹었다는 듯이 몇 발짝을 내디디고 수용소 밖으로 나온다. 불호령이 나지 않는다. 손찌검을 피하려고 몸을 급히 움직일 필요가 없다. 아니, 감시병들이 우리에게 담배를 권하는 게 아닌가. 처음엔 이들이 감시병인지 알아보기가 어려웠다. 모두가 어느 사이에 사복 차림을 하고 있었기 때문이었다. 우리는 수용소 밖으로 천천히 발길을 옮기기 시작했다. 곧 발이 아프고 당장 주저앉을 지경이었다. 그러면서도 우리는 절뚝거리며 걸음을 옮겼다.

우리는 자유인의 눈을 가지고 처음으로 수용소 주변을 바라보고 싶어졌다. 서로 자유라고 되뇌었다. 그런데도 이상하게 자유라는 것을 절실하게 느낄 수 없었다. 오랜 세월 동안 꿈 속에서도 잊지 못하여 그렇게도 자주 되뇌던 자유는 의미가 상실되고 만 것이었다. 자유라는 현실감이 납득이 되지 않았다. 자유가 우리의 것임을 피부로 느껴볼 수 없었다는 말이다.

우리들은 꽃이 만발하게 피어 있는 꽃밭에 이르렀지만 꽃을 보고도 아무런 감정이 일어나지 않았다. 꼬리가 화려한 수탉을 보았을 때 순간 환희의 불꽃이 날아왔지만 그건 그냥 불꽃이었을 뿐 우리들은 아직 이 세상 사람이 아니었던 것이다.

저녁이 되어 모두가 다시 막사로 돌아왔다. 어느 친구가 옆 친구에게 나직이 물었다.

"이봐, 오늘 기쁘던가?"

그러자 질문을 받은 친구는 부끄러운 듯한 표정을 지으며 대답했다.

"정말이지, 천만에!"

우리가 모두 함께 가졌던 생각을 그는 저 혼자만 느낀 것으로 알았던 모양이었다. 우리는 글자 그대로 기쁨을 느낄 수 있는 능력마저 박탈당하고 만 셈이었다. 앞으로 기쁨을 느끼는 일부터 서서히 다시 배우지 않으면 안 되었다.

석방된 포로들이 겪는 이상과 같은 현상을 두고 심리학에서는 '비인격화'라 부른다. 모든 것은 마치 꿈과도 같이 비현실적으로 보이고 사실이 아닌 것같이 느껴진다. 현실이 현실로 믿어지지가 않았다. 지나간 세월 속에서 우리는 꿈에 속은지 그 몇 번이었던가. 우리는 꿈 속에서 해방의 날을 맞았었고, 석방이 되어 귀향을 해서 친구를 만났다. 아내와 부둥켜 안고 식탁에 앉아서 우리가 겪은 일들을 이야기했던 일이 그 얼마나 있었던가. 심지어는 꿈 속에서도 수없이 해방의 날을 맞이했다고 이야기를 주고받았던 것이 아닌가. 그때 갑자기 호루라기 소리가 고막을 찢었고, 기상 사이렌이 울리고 나면 자유의 꿈은 끝나고 말았다. 그런데 이제 와서 그 꿈이 실현되었다. 그러나 그것이 현실이란 것을 어떻게 믿을 수 있단 말인가!

육체는 정신보다 터부를 적게 받았다. 그러니까 육체는 첫 순간부터 자유를 한껏 들이켰다. 게걸스럽게 식사를 했다. 몇 시간이고 며칠이고, 밤이 지새도록 먹어댔다. 이렇게 많이 먹어 치우다니 참으로 놀라운 일이 아닐 수 없다. 어떤 포로는 인근에 있는 친절한 농부한테 초대를 받고 가서 한없이 먹어댔다. 그리고 나서 그는 마지막 커피를 들이킨 후에 혀가 풀리자 몇 시간이고 쉬지 않고 이야기를 털어 놓고 말았다. 다년간 짓누르고 있었던 압력이 풀려 나간 것이다. 포로의 말을 듣고 있노라면 포로는 말을 않고는 배기지 못하는 일종의 불가항력에 사로잡혀 있음을 알게 된다. 나도 잠시 동안 무거운 압력을 받은 사람들이 이와 비슷한 반응을 보인 것을 알고 있다. 예를 들면 비밀경찰한테 불려가서 힐문을 당하고 나온 사람들의 경우다. 여러 날이 지나면 포로들의 혀도 풀리고 마음도 풀린다. 그리하여 지금껏 질곡에 얽매였던 감정이 갑자기 용솟음치듯 나오게 된다.

석방이 되고 며칠이 지난 어느 날이었다. 나는 시골길을 따라 몇 마일이고 끝없이 펼쳐진 꽃피는 초원을 지나서 수용소에서 가까운 시장이 있는 작은 마을로 나가 본 적이 있었다. 종달새들은 하늘 높이 날고 즐겁게 노래했다.

몇 마일 안에는 아무도 눈에 띄지 않았다. 오직 넓은 대지와 하늘, 즐겁게 지저귀는 종달새의 노래 소리, 그리고 공간의 자유가 있을 뿐이었다. 나는 걸음을 멈추고 주위를 살피고 또 하늘을 쳐다보았다. 그리고 나서 나는 무릎을 꿇었다. 그순간 나 자신과 세계는 서먹서먹했다. 내 마음속에 늘 변함 없이 새겨져 있는 한 마디가 있을 뿐이었다.

"저는 비좁은 감방에서도 주님을 불렀나이다. 그리고 주님은 공간의 자유 속에서 저에게 해답을 주었습니다."

얼마나 오랜동안 무릎을 꿇고서 이 말을 되뇌었는지 나는 기억이 나지 않는다. 그러나 나의 인생의 새 출발은 바로 그날 그 시각이었음을 알고 있다. 한 발짝 한 발짝 전진해서 마침내 나는 다시 인간으로 복귀하게 되었던 것이다.

수용소 최후의 날에 겪은 강한 정신적 긴장에서 평온을 되찾는 일에는 장애물이 전혀 없는 것도 아니었다. 포로가 석방된 후에는 그에게 이 이상 정신적 간호가 필요 없다는 생각은 그릇된 것이다. 엄청나게 큰 정신적인 압력을 오랫동안 겪은 사람은 석방 후 위험에 빠지기 쉽다는 것을 고려해야 한다. 압력이 갑자기 제거된 경우는 더욱 그렇다. 이같은 위험은 심리학적인 위생면에서 심리적인 잠함병이라 하겠다. 잠함자가 잠수통에서 받은 압력 때문에 그의 건강에 위험이 닥치는 것과 같이, 정신적인 압력에서 갑자기 해방이 된 사람도 마찬가지로 도덕적 및 정신적인 건강에 피해를 입는다.

이 단계에서는 비교적 원시적인 성격을 가진 사람은 수용소 생활에서 받은 야수적인 영향력에서 탈피하지 못했다. 자유의 몸이 되고 보니 이들은 자유를 제멋대로 구사할 수 있으리라 생각했다. 이렇게 해서 이들은 피압박자의 위치에서 압박자의 위치로 바뀌고 만다. 이들은 불의와 폭력의 앞잡이가 되었다. 이들은 자신들이 겪은 무서운 경험으로 자기들의 행동을 정당화했다. 이같은 현상은 흔히 대수롭지 않은 일에 나타났다. 나는 한 친구와 들녘을 걷고 있었다. 수용소 쪽으로 가다가 갑자기 푸른 곡식 밭에 당도하게 되었다. 나는 본능적으로 길을 피해 갔다. 그러나 나의 친구는 그의 팔을 내 팔에 끼고 나를 끌고 밭 속으로 들어갔다. 나는 그에게 곡식을 밟지 말자고 했더니 그는 약이 올라서 나에게 성난 표정을 지으며 소리를 지르는 것이었다.

"아니, 실컷 빼앗겼던 우리가 아니오? 다른 이야기는 그만 두기로 하고 내 처자식은 가스처형실에서 죽었단 말이오. 그런데 몇 포기 귀리를 밟아서는 안 된다구!"

이런 사람들도 차츰 시간이 지나면 인간이란 누구나 부당한 짓을 할 권리가 없다는 평범한 진리를 터득하게 되었다. 자기가 아무리 부당하게 당했다 해도 우리는 이런 사람들에게 진리를 깨우쳐 주는데 게을리해서는 안 된다. 그렇지 않으면 결과는 몇 천 포기의 귀리는 문제가 아닐 만큼 확대되어진다. 셔츠 소맷자락을 걷어 올리고 오른팔을 내 눈앞에 휘저으며 다음과 같이 고함치던 사람들이 생각난다.

"내가 귀향하는 날 이 손에 피를 보지 않는다면 이 손을 싹둑 잘라 버리지!"

나는 강조하고 싶다. 이런 말을 한 사람이 악인이 아니란 것을, 그 사람이야말로 수용소 안에서나 석방 후에 가장 모범적인 동료였던 것이다.

정신적인 억압에서 갑자기 풀려나왔을 때 생기는 도덕적인 불구 이외도 포로들의 인격에 해를 가져오는 두 가지 요소가 있었다. 그것은 포로들이 옛날 생활로 복귀함에 따라서 오는 비통과 환멸이다.

비통은 그가 귀향해서 겪은 몇 가지 일이 원인이 된

다. 귀향의 순간, 가는 곳마다 그를 맞이하는 것은 냉담이요, 상투적인 겉치레의 말뿐이었다. 이로 인해 그는 비통해진다. 무엇 때문에 온갖 고난을 겪어야 했던가를 자신에게 물어 보지 않을 수 없게 된다. 어디를 가도 한결같이 귓전을 울리는 것은, "우리 그런 걸 모르고 있었지. 우리도 피장파장이었는걸 뭐."라고.

그는 자신에게 물어본다.

"아니, 이 친구들은 이런 말밖에 할 말이 없나?"

환멸은 이와는 좀 달리 찾아온다. 이때에는 매정스러운 것은 동포들이 아니요 운명이다. 동포들의 피상성과 냉담은 너무나 가증스러워서 포로들은 땅에 구멍이라도 있으면 기어 들어가고 싶어진다. 사람들은 보기 싫고 그들의 말소리도 듣기 싫다. 다년간, 이세상의 괴로움은 한계에 이르렀다고 생각하던 그는 괴로움에는 한계가 없다는 것을 깨닫게 되고 괴로움은 앞으로도 계속되리란 것을 알게 된다.

나는 수용소의 포로들에게 정신적으로 고무시켜 주어야 된다고 말할 때에, 이들에게 미래에 대한 기대를 할 수 있도록 해야 한다고 했다. 그에게는 기다리는 인생이 있고 기다리는 사람이 있다는 것을 환기시켜 주는 일이었다. 그러나 석방을 맞은 후는 어떻게 될까. 어떤 사람은 집에 와서 보니 기다리던 사람이 없다. 그 사람에 대한 추억 하나로 수용소에서도 용기를 잃지 않았던 그 장본인이 이미 불귀의 객이 되었음을 알게 된 그 포로의 슬픔은, 꿈에 그리던 날이 마침내 왔지만 모든 것이 지금껏 생각했던 것과는 딴판이란 것을 알게 된 그의 슬픔은, 전차를 타고서 오랫동안 그리워하며 오고 싶었던 집을 찾아 먼길을 와 꿈 속에서 그랬듯이 초인종을 누르고 나니 아뿔싸 문을 열어줄 사람은 간데 없이 영영 돌아오지 못할 사람이 되었음이여!

우리가 수용소에 있을 때에 주고받던 이야기가 있었다. 우리가 겪은 온갖 괴로움을 보상할 지상의 행복은 없는 것이라고들. 우리는 행복을 바라지 않았다.

우리에게 용기를 주고 우리의 괴로움과 우리의 희생과 우리의 죽음에 의미를 부여해 주는 것은 행복은 아니었던 것이다.

그러나 우리는 불행을 맞을 준비는 되어 있지 않았다. 많은 포로들에게 다가오는 환멸은 참으로 고무적인 것이 못 되었다. 정신의학자의 입장에서도 이들을 도와주는데 어려움이 많다. 그렇다고 실망을 해서는 안 된다. 오히려 더 강한 분발의 계기가 되어야 한다.

그러나 석방된 포로들은 누구나 수용소에서의 체험을 돌이켜보면 어떻게 그같은 일을 견뎌 낼 수 있었는지 이해 못할 날이 온다. 모든 것이 아름다운 꿈 같았던 석방의 날이 찾아왔듯이 언젠가는 수용소에서의 체험이 악몽으로밖에는 생각되지 않을 날이 찾아오게 될 것이다.

귀향하는 사람에게 있어서 모든 경험 가운데 가장 중요한 사실은 온갖 괴로움을 겪고 난 이 마당에 와서 이제는 이세상에 두려워할 것이라고는 자기가 믿는 신 말고는 아무것도 없다는 경이적인 생각이다.

㊟
1. 동료 포로들을 감시하는 특권층 포로.
2. 이와는 정반대로 수용소 선임관은 자기도 포로였는데도 어느 친위대 못지않게 잔인 무도했고 틈만 생기면 다른 포로들을 구타했으며, 수용소 소장은 내가 알기에도 우리에게 손찌검 한 번 하는 것을 보지 못했다.

    나치 친위대원인 이 소장에게 얽힌 재미있는 에피소드가 있다. 그에게 보인 유태인 포로들의 태도였다. 전쟁이 끝나고 미군이 진주하면서 수용소에서 포로들을 석방하게 되었을 무렵, 세 명의 헝가리 출신 유태인 포로들은 소장을 바바리아 산 속에다 은신시켰다. 그리고 나서 이 세 사람은 수용소 소장의 체포에 혈안이 돼 있는 미군사령관을 찾아가서 일정한 조건을 내세우고 이 조건을 수락한다면 수용소 소장의 행방을 알려 주겠노라고 제의했다. 그 조건의 내용은 미군사령관이 소장을 체포한 후 절대로 해쳐서는 안 된다는 것이었다. 얼마 후 이 미군사령관은 이 세 명의 유태인에게 약속을 했다. 체포 후 친위대 소장을 절대로 안전하게 보호하겠노라 다짐을 했던 것이다. 이 미군사령관은 자기의 약속을 지켰을 뿐 아니라 사실상 전 수용소 소장은 어느 의미에서 자기의 직책을 되찾게 되었다고 할 수 있었다. 그는 가까운 바바리아 마을에서 의류를 수집하는 일과 이 옷들을 우리에게 배급해 주는 일을 맡고 있었다. 그 당시 우리들은 그때까지 오래 전, 역에 도착하여 가스처형실 행이 된 포로들이 남겨 놓은 누더기를 유산처럼 걸치고 있었다.

# 논리요법의 기초개념

# 논리요법의 기초개념

　나의 간단한 자서전적인 수기를 읽는 사람들로부터 나의 치료법의 원리를 좀더 자세하고 또 직접적으로 설명해 달라는 요청이 있어서 나는 ≪죽음의 수용소와 실존주의≫라는 책의 초판에다 논리요법에 관해 보완적인 설명을 덧붙인 적이 있다. 그러나 그것만으로는 불충분했는지 치료 방법을 더 부연해서 취급해 달라는 요청이 빗발쳤다. 이에 부응해서 이번 판에서는 이야기를 처음부터 다시 쓰게 되었고 책의 분량도 상당히 늘렸다.

　그러나 이것은 쉬운 일은 아니었다. 독일어판으로 14권이나 되는 방대한 자료를 좁은 지면으로 독자에게 전달한다는 것은 가망성이 희박한 일이 아닐 수 없다. 나는 언젠가 빈에 있는 나의 진료실의 문을 두들겼던 미국인 의사를 잊지 못한다. 그가 다음과 같이 묻는 것이었다.

　"저, 선생님은 정신분석 학자인가요?"

나는 대답했다.

"정확히 말하자면 정신분석 학자라곤 할 수 없고 정신요법 학자라고 할까요?"

그 미국인 의사가 계속 물었다.

"무슨 학파에 속하십니까?"

"내가 스스로 세운 로고세라피, 논리요법이라고 하는 새로운 학설입니다."

그러자 그는 한 마디로 논리요법의 뜻을 말해 달라고 요청했다. 그러면서 또 정신분석과 로고세라피와의 차이점이 무엇이냐고 물었다. 나는 대답하기를,

"네, 말씀드리겠습니다. 그런데 먼저 선생께서 정신분석의 요지를 한 마디로 들려 주시지 않겠습니까?"

라고 말하자 미국인 의사는 다음과 같이 대답했다.

"정신분석 과정에서는 환자는 자리에 누워서 의사에게 쓰라린 이야기를 가끔 털어 놓는 것이 아니겠소."

그래서 나는 다음과 같이 대답했다.

"논리요법에서는 환자는 앉은 채 그대로 있고 의사로부터 가끔 쓰라린 말을 들어야 하는 것입니다."

이상과 같은 대화는 물론 유머스럽게 하느라고 그런 것이지, '로고세라피'의 요점을 말해 주는 것은 아니다. 그러나 위의 대화는 시사적인 데가 있다. 왜냐하면 정

신분석과 비교해 볼 때에 로고세라피는 그 방법이 내성적이고 회고적인 점에 역점을 크게 두지 않기 때문이다. 다시 말하자면 로고세라피는 환자가 앞으로 수행해야 할 의무와 인생의 의의에 초점을 둔다. 그래서 로고세라피는 신경질환의 큰 요인이 되는 악순환의 형성과 '피드백' 작용에는 별로 초점을 두지 않았다. 이리하여 신경성 환자가 갖는 전형적인 자기 중심주의를 파괴시키는데 단점을 돌린다.

이상은 지나친 단순화에 지나지 않는다. 로고세라피에서는 환자는 자신의 인생의 의의와 대면하게 되고 그러한 방향으로 인생의 길을 걷도록 인도를 받는다. 그러므로 앞에서 내가 내린 로고세라피의 즉석 정의는 신경병 환자가 자신의 의무에 대한 각성을 회피한다는 점에서 진리라 하겠다. 로고세라피는 환자로 하여금 자신의 의무를 깨닫게 해주고 자기의 임무에 관한 보다 완전한 인식을 갖도록 해줌으로써 환자로 하여금 자기의 질환을 극복할 수 있는 힘을 배양시켜 주는 것을 목표로 삼고 있다.

내가 나의 학설을 왜 로고세라피라고 했는지 이유를 설명하겠다. '로고스'는 그리스어로 '의미'를 뜻한다. 제3 빈 정신요법학파라고도 불리는 로고세라피는 인간의 실존적 의의와 그러한 의의 추구에 주안을 두고 있다. 로고세라피에 의하면, 인생에 있어서 의의를 추구하는 일이야말로 인간사에서 으뜸 가는 동기가 된다. 이러한 이유로 나는 쾌락에의 의지, 혹은 쾌락 원칙과 대조되는 의의에의 의지(의의 원칙이라 해도 된다)를 내세운다. 프로이트 학파의 정신분석의 중심 과제인 이 쾌락의 원칙과는 물론 아들러 학파의 심리학에서 부르짖는 권력에의 의지(권력 원칙이라 할까)와도 대조적인 입장을 취하는 것이 나의 학설이다.

### 의의(意義)의 원칙

의의 추구는 인생에 있어서 원동력이다. 본능에 대한 '고차원적인 합리화'가 아니다. 인생의 의의는 각 개인만이 성취할 수 있고 또 성취되어야 하는 유일한 것이다. 어떤 학자들은 의의와 가치란 방어 수단이나 반응 형성, 혹은 승화작용에 지나지 않는다고 주장하기도 하지만 나에게 있어서는 인생이란 자신의 방어 수단을 위해서만 살려는 것이 아니요, 그렇다고 반응 형성을 위해서만 죽을 생각은 없는 것이다. 인간은 그보다도 자기의 이상과 가치를 위해서 살아가고 또 죽기도 하는 것이다.

몇 해 전에 프랑스에서 여론조사가 있었다. 조사에 참여한 89%의 사람들은 인간이 살아가기 위해서는 무엇인가 필요하다고 했다. 그뿐만이 아니라 그 중 61%는 자기들 인생에 있어서 죽을 각오가 되어 있는 대상이나 인물이 있다는 것을 시인했다.

나는 이상과 똑같은 여론조사를 빈에 있는 나의 진료소 환자와 의료원을 상대로 실시해 본 적이 있었다. 그 결과는 수천 명을 상대로 조사했던 프랑스의 여론조사와 별로 다른 점이 없었다. 오차는 2%에 불과했다. 달리 말하자면 대개의 사람들에게 있어서 의의의 원칙은 사실이며 신앙이 아니란 것이다.

물론 개인의 가치관이 사실상 내적인 갈등을 위장하는 경우도 없지 않아 있겠지만 그런 경우는 원칙에 대한 예외이지, 원칙 그 자체는 아니다.

이런 경우 내존하는 무의식의 역학을 규명하기 위해서 정신역학적 해설이 정당화된다. 이때 우리는 의사가치(擬似價値)—옹고집을 좋은 예로 꼽을 수 있겠다—에 접하게 되는 바, 이런 것은 마스크를 벗겨내야 한다. 그러나 가면을 벗기는 일이라도 마스크가 인생에 있어서 진정한, 본질적인 즉 생의 의욕 같은 것과 마주치면 그만두어야 한다. 그렇지 않으면 한 인간에게 정신적인 희망을 빼앗아 버리는 격이 되기 때문이다.

 가치란 단순한 자기 표현으로 다루는 경향은 배제되어야 한다. 왜냐하면 '로고스' 즉 의의는 실존 그 자체에서 발생되었을 뿐 아니라 실존과 대결하기 때문이다. 인간에 의해서 완성이 되는 의의가 한낱 자기 표현에 불과하거나 자기 소망의 발현에 불과하다면 그것은 강한 힘을 잃고 만다. 그리고 인간을 움직일 힘을 상실하고 만다.

 이는 소위 본능의 승화작용에도 적용되는 바이고 융이 말하는 '집단 무의식'의 원형(原型)에도 적용된다. 왜냐하면 융이 말하는 원형이란 인류 전체의 자기 표현이기 때문이다. 나아가서는 인간의 이상이란 자기가 발명해 놓은 것에 불과하다고 주장하는 몇 사람의 실존주의 사상가에게도 적용된다. 사르트르에 의하면 인간은 자기 자신을 발명하고 자기의 본질을 설계한다고 한다. 다시 말하자면 인간은 자기의 본질과 당위성마저 스스로 고안해 낸다는 말이다. 그러나 나의 생각으로는 우리의 실존(존재)에의 의지는 우리 자신이 고안해 내는 것이 아니요, 오히려 발견된다고 본다.

 가치 분야에 있어서 정신역학적 고찰은 정당하지만, 문제되는 바는 그것이 언제나 타당하느냐에 있다.

무엇보다도 순수한 정신역학적 고찰은 원칙적으로 인간을 움직이는 힘이란 무엇인가를 들추어 내야만 알 수 있는 것이다. 그러나 가치란 인간을 추진시키는 힘이 아니다. 그것은 미는 것이 아니고 끌어당기는 힘이라 하겠다. 차이점은 바로 여기에 있는데, 이에 관해서 나는 미국에 있는 어느 호텔 문을 들어섰을 때가 생각난다. 그 호텔 문 하나는 당겨야 했고 나머지 하나는 밀어야 했다. 사람이란 가치에 의해서 당겨진다고 말하는 것은 이 속에는 언제나 자유가 개입되어 있다. 어떤 제안을 받아들이거나 거절할 선택의 자유, 말하자면 의의의 잠재력을 실현하느냐 혹은 그것을 상실하느냐의 양자를 선택할 수 있는 자유이다.

그러나 명백히 하고자 한 것은 인간에게는 우리가 흔히 말하는 기본적인 본능과 같은 의미의 도덕적인 힘(drive)이나 종교적인 힘이란 게 존재하지 않는다. 사람은 본능에 쫓겨서 도덕적인 행동을 하는 법은 없다. 도덕적인 행동은 사람이 결정한다. 도덕적인 행동을 하는 것은 도덕적인 충동을 만족시키기 위해서도 아니고 깨끗한 양심을 위해서도 아니다. 도덕적인 행동을 하는 것은 자신의 명분을 위해서요, 사랑하는 사람을 위해서요, 그도 아니면 자신이 섬기는 신 때문이다. 양심이 개

운하기 위해 도덕적인 행동을 한다면 그 사람은 '바리새'인이 되는 것이고 진정한 도덕가는 못 된다. 성인들도 단순히 신을 섬기는 일 이외는 관심 둔 바가 없으리라 보며, 그들이 마음속에 성인이 되고 싶다는 생각을 품은 적은 없을 것이다.

만약에 그런 생각을 품었다면 그 사람은 성인이라기보다 완벽주의자에 지나지 않을 것이다. 독일의 격언에도, "깨끗한 양심은 최상의 베개, 양심이 깨끗하면 잠을 편히 잔다." 란 말이 있긴 하지만, 도덕성이란 수면촉진제나 신경안정제만은 아닌 것이다.

### 실존적 좌절

인간의 의의에의 의지(의의 원칙)도 좌절되는 경우가 있는데 로고세라피에서는 이런 경우를 실존적 좌절이라고 한다. 실존적이란 말은 세 가지로 사용될 수 있는데 ① 생존 그 자체—개별적인 인간의 존재 양식 ② 생존의 의의 ③ 개인의 생존 속에서 구체적인 의의를 추구하려는 노력, 다시 말하자면 의의(意義)에의 의지이다.

실존적 좌절은 신경성 질환을 가져다 주는 요인이 되기도 한다. 이같은 질환을 로고세라피에서는 흔히 쓰이는 신경성질환과 대조적으로 심혼성(心魂性) 신경질환

(noögenic neurosis)이란 용어를 쓰고 있다. 이 심혼성 신경질환은 그 기원을 인간 생존의 심리적인 차원뿐아니라 심혼적 차원에 둔다(여기서 심혼적, noölogical이란 말은 그리스어로 마음을 뜻하는 noos에서 나온 말이다). 로고세라피에서는 이 용어를 인간의 영적인 핵을 뜻하는데 쓴다. 여기서 심혼적이란 말은 로고세라피의 테두리 안에서는 원래의 종교적인 뜻이 없고 특정한 인간적인 차원을 두고 하는 말이다.

### 심혼성(心魂性) 신경질환

심혼성 신경질환은 충동과 본능의 갈등에서 온 것이 아니고 여러 개의 가치의 갈등에서 나오는데 즉 도덕적인 갈등, 더 보편적으로는 영적인 면에서 나온다. 이러한 여러 문제에 있어서 실존적 좌절은 큰 몫을 차지한다.

심혼성 신경질환에 있어서는 적절하고 타당한 치료란 일반적으로 정신요법이 아니고, 로고세라피가 되고 있다. 다시 말하자면 인간 생존의 영적인 차원을 파고 들어가는 치료이어야 한다는 것이다. 그리스어로 '로고스'는 '의의'뿐만 아니라 정신(靈)을 뜻한다. 의미있는 생존을 바라는 것이 인간의 갈망이며, 이 갈망의 좌절은 로고세라피에 의하여 영적인 면을 다루게 된다. 이는 성실하고 진지한 방법이며 무의식의 근저나 원천을 파고 들어 가는 것이 아니고 단순히 본능적인 것만을 다루는 것도 아니다.

이같은 영적인 차원과 본능적인 차원을 분간 못하면 의사로서 혼란에 빠진다. 다음에 한 가지 예를 들어 보겠다.

미국의 한 고급 외교관이 이미 5년 전부터 뉴욕에서 전문가로부터 정신분석적인 치료를 받아 왔었다. 그는 그 치료를 계속하기 위해 빈에 있는 나의 진료실을 찾아왔다. 나는 먼저 왜 상담의 필요성을 느꼈으며 애당초 왜 정신분석을 하기 시작했느냐고 물었다. 이야기를 듣고 보니 이 환자는 자기의 직업에 불만이 있었으며 특히 미국의 외교정책이 마음에 들지 않았었다. 그리고 그를 치료하던 의사는 여러번 권하기를 부친과 타협을 하라고 했다. 그 의사의 생각으로는, 이 외교관의 상관과 미국 정부는 다름아닌 부상(父像)이기 때문에 결과적으로 자기 직업에 대한 불만은 그가 아버지에게 무의식적으로 품고 있는 증오가 원인이 되었다는 것이었다.

5년 동안의 상담을 통해서 이 환자는 차츰 의사의 권고를 받아들이게 되었는데 무수한 상징과 영상이란 나무들 때문에 현실이라고 하는 숲을 볼 수 없었던 것이었다. 몇 번의 면담을 한 끝에 분명하게 밝혀진 것은 그는 자신의 의의 추구의 의지가 자기의 현 직업으로 좌절되었다는 것이다. 그는 실제로는 다른 직업에 종사하고 싶었다. 그 사람은 자기의 현 직업을 버리고 다른 직업으로 바꾸어 가지 못할 까닭이 없었다. 그는 전직(轉職)을 했고 만족할 만한 결과를 얻게 되었다. 그는 새로 종사하게 된 직업에 5년 이상 종사해 오고 있는데 만족스럽다고 나에게 알려 주었다. 그 외교관의 경우, 나는 전혀 신경성 환자를 다루는 것이 아니었다고 본다. 그는 간단히 말해서 환자가 아니었기 때문에 정신요법이 필요 없었다고 보며 심지어 로고세라피도 문제될 바가 없었다.

모든 갈등이 다 신경성인 것은 아니다. 어느 정도의 갈등은 정상적이며 건전한 것이다. 이와 비슷한 의미에서 괴로움이란 반드시 병리학적인 현상은 아니다. 괴로움이란 신경성 질환이라기보다는 하나의 인간적인 성취이다. 특히 괴로움이 실존적인 좌절의 산물인 경우에는 인간의 자기 생존에 대한 의의 추구나 회의가 어떤 병의 결과라든지 또는 어떤 병을 낳게 된다는 것을 나는 단호히 부정한다.

실존적 좌절은 그 자체가 병리적인 것도 아니요, 병

원적(病源的)인 것도 아니다. 인생의 무가치에 대한 관심 혹은 절망까지도 그것은 정신적인 난관이지, 결코 정신적 질환은 아닌 것이다. 정신적인 난관을 정신적 질환으로 해석함으로써 의사는 아마도 자기 환자의 실존적 좌절을 대량의 신경안정제 속에 파묻고 마는 격이 될 것이다. 이런 경우 의사가 당면한 임무는 자기 환자로 하여금 실존적 위기를 극복해서 성장과 발전의 길잡이가 되어 주어야 한다.

로고세라피의 임무는 환자로 하여금 인생의 의의를 찾아내도록 도와 주는데 있다. 로고세라피는 환자에게 자기 생존 속에 숨은 로고스를 깨닫게 해주려는 것이기 때문에 하나의 분석이란 과정을 통한다. 그러나 어떤 대상을 의식하도록 하기 위해서 로고세라피의 범위는 개인의 무의식 속에 있는 본능적 사실에 한정되지 않고 의의 추구의 의지는 물론이요, 앞으로 충족될 수 있는 생존의 잠재적 의의까지도 대상으로 삼고 있다.

어떠한 분석도 그 과정에서 심혼적 혹은 영적인 차원을 적용하지 않는 경우라 하더라도 환자로 하여금 자기 존재의 밑바탕에서 갈구하는 것이 어떤 것인지를 깨닫게 해주는 것이다.

로고세라피가 정신분석과 다른 점은, 로고세라피는

인간으로서 관심을 의의(意義)의 성취와 가치의 실현이라 보는데 있는 것이며 단순히 충동과 본능을 만족시킨다거나 id와 ego 및 super ego의 상충된 욕구를 융화시키고 또는 사회 및 환경에 적응만을 시도하는데 있지 않다.

### 심혼역학(心魂力學)

분명히 인간의 의의 및 가치추구는 내적인 균형보다는 내적인 긴장을 조성해 줄 수 있다. 그러나 정확히 말해서 이 긴장은 정신 건강에 불가결한 것이다. 나는 감히 말하고 싶다. 이세상에서 최악의 경우에 처했을 때라도 인간의 생존을 가장 효과적으로 도와주는 것은 무엇보다도, 각 개인의 인생에 의의가 있다는 자각인 것이다. 니체의 "살아 갈 이유를 가지고 있는 사람은 살아가는 방법은 어떤 것이고 거의 다 견뎌 나갈 수 있다"라는 말 속에는 예지가 담겨져 있다. 이 말 속에는 어떠한 정신요법에서도 내세우는 가치가 들어 있다고 본다.

나치 수용소에서(이것은 후에 일본과 한국에서도 미국의 정신의학자들에 의해서 확인된 바이지만) 목격할 수 있었던 것은 포로들 가운데에서 자기가 앞으로 수행해야 할 임무가 기다리고 있다는 것을 알고 있는 사람이야말로 생존에 가장 적합했던 사람이었다.

나는 아우슈비츠 수용소로 이송되었을 당시 출판 준비가 다 된 원고를 압수당하고 말았다. 나는 이 원고를 반드시 다시 써야겠다는 깊은 관심 때문에 수용소에서 어려움을 견뎌 나갈 수 있는 힘을 얻었다.

예를 들자면, 나는 발진티푸스에 감염되자 작은 종이 쪽지에다가 수없이 노트를 하였고 만약 내가 해방의 날까지 살아 남는다면 원고를 재정리하겠다고 마음먹었던 것이다. 바바리아 지방 포로 수용소의 어두운 막사 안에서 분실한 원고를 재구성하는 일은 확실히 허탈의 위험을 극복하는데 힘이 되어 주었다.

이상과 같이 정신 건강은 어느 정도의 긴장에 바탕을 두고 있다. 이미 완성된 일과 앞으로 성취해야 할 일 사이의 긴장, 현재의 자아와 소망하는 자아 사이에서 오는 긴장이 바로 그것이다. 이러한 긴장은 인간에게 내존하고 있는 것이며 정신 건강에 불가피한 요소이다.

그러므로 의사는 환자에게 그가 지니고 있는 성취해야 할 잠재적 의의를 제시해 주는 것을 주저해서는 안 된다. 이렇게 함으로써 환자의 의의 성취에의 의지를 잠재적 상태에서 끌어낼 수 있다. 건강위생상 사람은 첫째, 균형—생리학에서 긴장 없는 상태를 일컫는 평온성

(平穩性, homeostasis)—이 필요하다는 개념은 위험한 오류인 것이다. 오히려 사람에게 필요한 것은 긴장 없는 상태가 아니라 자신에게 보람이 있는 일을 위해서 애쓰고 싸워 나가는 긴장 상태인 것이다. 어떻게 해서라도 이 긴장을 해소시키는 것이 필요한 것이 아니라 자기가 성취시킬 잠재적 의의를 불러 일으키는 일이다. 사람에게 필요한 것은 평온성이 아니라 내가 말하는 심혼적 역학, 다시 말해서 긴장의 양극에 있어서 정신역학이라 하겠는데 한쪽은 성취되어야 할 의의를 나타내고 다른 쪽은 그 의의를 성취시키는 사람을 나타낸다.

이같은 현상은 정상적인 조건에서만 적용되는 것이 아니라 신경성 질환자의 경우에 더욱더 적절하다. 약한 구름다리를 견고히 하기 위해서 건축사는 구름다리 위에 더 큰 무게를 올려서 부분이 강하게 결합되도록 하는 경우와 흡사하다 하겠다.

그러므로 의사가 환자의 정신 건강을 더 견고히 하기 위해서는 의사는 환자에게 인생의 의의에 대한 방향지시를 통해서 무게를 가중하도록 하는 일을 두려워해서는 안 된다.

방향지시란 것이 유익하다는 것은 앞에서 말했다. 다음은 오늘날 수많은 환자들이 불평을 토로하고 있는 그들 인생에 대한 일반적이고 궁극적이며 무의미성이 가져다 주는 유해한 점을 이야기하겠다. 이들은 다시 말해서 자신들의 인생에 의의를 인식 못하고 있는 사람들이다. 이들은 내적인 공허감에 사로잡혀 있으며 내가 말하는 실존적 공허라는 상황 속에 빠져 있다.

### 실존적 공허

실존적 공허는 20세기에 있어서 광범한 현상이며 이해할 만한 현상이다. 이와 같은 현상은 사람이 진정한 인간이 된 이후 겪어야 하는 두 가지의 상실에 기인한다고 볼 수 있다. 인류사회가 시작하면서 사람은 기본적인 동물적 본능으로 행동하게 되었다. 낙원과 같은 안전은 사람에게는 영원히 문이 닫혀지고 말았다. 그래서 인간은 몇 가지 선택을 해야 한다. 이밖에도 인간은 최근에 이르러서 또 하나의 상실을 겪게 되었다. 인간의 행위의 지주가 되었던 전통은 재빨리 사라져 가고 있다. 행동을 지배하는 본능이 없어지고, 타당한 행동의 지표가 되는 전통도 없다. 사람은 차츰 남들이 원하는 행동을 하고 그렇게 함으로써 점차적으로 획일주의의 희생물이 되고 있다.

환자 및 간호사들을 대상으로 빈 외래진료소의 신경

과에 있는 의료진이 단면적인 통계적 조사를 실시한 바가 있었다. 그 결과 조사에 응한 환자의 55퍼센트는 정도의 차이는 있으나 모두가 뚜렷한 실존적 공허를 보여주었다. 다시 말해서 환자의 반수 이상이 인생이 무의미하다고 생각하고 있다는 뜻이다.

이상과 같은 실존적 공허는 주로 권태에서 잘 나타난다. 인류는 근심과 권태의 양극 사이를 흔들고 있는 시계추와 같은 운명이라 했던 쇼펜하우어의 말을 이해할 수 있겠다. 사실상 근심보다는 권태가 더 많은 문제를 가져오고, 정신의학자에게도 더 큰 문제가 되고 있는 실정이다. 그리고 이같은 문제들은 한층 더 그 위기가 고조되고 있다. 그 이유는 점차 자동화가 보급됨에 따라 일반 노동자들에게도 엄청난 시간의 여유가 생겨 나기 때문이다. 많은 사람들이 새로 얻은 자유 시간을 어떻게 처분할지 모르고 있다는 것은 정말 문제가 아닐 수 없다.

예를 들어 '일요일 노이로제'를 생각해 보기로 한다. 분망한 일주일이 지나가고 나면 생활의 알맹이가 없다고 느끼는 사람들에게 찾아드는 우울증 말이다. 이때 사람들의 마음속 공허감은 뚜렷하게 나타난다. 적지 않은 자살 사건이 이와 같은 실존적 공허에 기인한다. 크게 만연되고 있는 알콜 중독증이나 소년 범죄의 현상도 밑바닥에 깔려 있는 실존적 공허를 인식하지 못하면 이해하기 어렵다.

뿐만 아니라 실존적 공허는 여러 가지 마스크와 위장을 하고 나타난다. 의의 추구의 의지가 좌절되면 이에 대한 보상 수단으로 가장 원시적인 권력에의 의지, 금력에의 의지를 알맹이로 하는 권력에의 의지가 등장한다. 또 어떤 경우에는 의의 추구의 의지가 좌절되면 쾌락 추구의 의지가 대신 등장한다. 실존적인 좌절이 흔히 성(性)적인 보상으로 귀착되는 소이도 여기에 있다. 이 경우에는 성적인 욕망이 실존적 공허 속에서 발효를 한다.

유사한 현상은 신경성 질환자에게도 일어난다. 몇 가지 형태의 피드백 과정과 악순환 형성이란 것이 있는데 그것은 나중에 언급하겠다. 그러나 이러한 징후학(徵候學)은 실존적 공허 속에 침입해서 큰 역할을 하는 경우를 누구이 관찰할 수 있다.

이러한 환자란 심혼적 신경성 질환으로 다루는 것이 아니다. 그러나 만약 환자를 치료할 때에 정신요법에다 로고세라피를 보완하지 않으면 환자는 병을 극복할 수 없게 된다. 실존적 공허를 메움으로써 환자는 병의 재

발을 모면할 수 있는 것이다. 그러므로 로고세라피는 심혼성 환자에게 뿐만 아니라 신경성 질환에도 적용이 되며 특히 의사성(pseudo) 신경성 질환에도 필요하다.

이런 점에서 맥도날드의, "어떤 치료를 막론하고 정도의 차이는 있을망정 로고세라피가 되어야 한다."란 말은 정당하다.

다음엔 환자가 인생의 의의가 무엇이냐고 물을 때 그에 대한 처방을 찾아보기로 하자.

인생의 의의

인생의 의의가 무엇이냐는 질문에 일반적인 말로 대답할 수 있는 의사는 없다고 본다. 왜냐하면 인생의 의의는 사람에 따라 다르고 시시각각으로 매일매일 다르기 때문이다. 그러므로 중요한 일은 일반적인 인생의 의의가 아니라 특정한 개인에게, 특정한 순간에 있어서 특정한 의의가 된다.

일반적인 말로 질문을 하는 것은 마치 장기 선수에게 가장 좋은 수를 가르쳐 달라고 하는 격이다. 장기를 둘 때에는 특정한 상황과 상대방의 특정한 성격을 고려해 넣지 않으면 최상의 수나 좋은 수가 나올 수 없는 것이다. 인간 실존도 이와 마찬가지다. 우리는 인생의 추상적인 의의를 추구해서는 안 된다. 사람은 누구나 인생에 있어서 자기 나름대로의 특정한 천직과 사명을 지니고 있다. 누구나 자기가 성취할 구체적인 임무를 수행해 나가야 한다. 그 임무는 다른 사람이 대신 수행할 수 없는 것이고 또 자기의 인생은 반복이 되지 않는다. 그러므로 제각기 맡은 바 임무는 유일무이하며 그것을 실현하는 기회도 자기에게만 특정한 것이 된다.

인생에 있어서는 상황마다 사람에게 도전을 해오고 문제 해결을 위한 요인이 되어 온다. 그러므로 인생의 의의에 관한 문제는 사실상 거꾸로 생각해야 한다. 즉, 궁극적으로는 사람은 자기 인생의 의의가 무엇인가를 묻지 말고 오히려 질문을 받을 대상이 다름아닌 자기 자신이란 것을 인식해야 한다. 한마디로 말하면, 사람은 각자가 인생으로부터 질문을 받는다. 그리고 사람이 인생에게 주는 유일한 해답은 자기 인생에 책임감을 느끼는 일이다. 인생에 대해서 그는 책임감을 가지고 맞서야 한다. 이렇게 해서 로고세라피는 책임감 속에서 인간 실존의 본질을 찾게 된다.

### 실존의 본질

이와 같은 책임 의식의 강조는 다음과 같은 로고세라

피의 대명제에서 반영된다 하겠다. 즉, "인생을 살 때 이미 두 번 살아가고 있듯이 그리고 처음의 행동이 앞으로의 행동과 마찬가지로 잘못된 것같이 살아가라.", 나는 이 금언보다 사람의 책임의식을 더 자극해 주는 것은 없는 것 같다. 이 금언에 의하면 첫째, 현재는 과거가 되고 둘째, 과거는 변화되고 수정이 될 수 있다는 것이다. 그리고 이는 사람의 유한성과 자신의 인생과 자아에 대한 일이 최종적이란 것을 마주치게 해준다. 로고세라피는 환자에게 자신의 책임의식을 충분히 깨우쳐 주는데 있다. 그러므로 환자가 무엇을 위하여 무엇에 대해서 아니면 누구에게 책임이 있는가는 환자 자신의 선택에 맡긴다. 이같은 이유로 로고세라피 담당자는 모든 정신요법 학자 가운데서 환자에게 가치판단을 내리기를 가장 꺼린다. 왜냐하면 로고세라피 의사란 환자로 하여금 판단하는 책임을 의사한테 돌리지 못하게 하기 때문이다.

그러므로 환자가 자기의 인생 과업을 사회나 자기의 양심에 책임이 있는 것으로 해석하는 것은 어디까지나 환자 자신한테 달려 있다. 그러나 대다수의 사람들은 신 앞에 서서 책임을 느낀다. 이같은 사람들은 인생을 자신들에게 부과된 임무로써 받아들이지 않고 자신들에게 임무를 떠맡긴 사역자(使役者)로서 받아들인다.

　로고세라피는 교화나 설교가 아니다. 그것은 논리적 추리나 도덕적 훈계와도 거리가 멀다. 비유해서 말하자면 로고세라피의 의사가 맡은 역할은 화가의 것이 아닌 안과의사의 역할과 같다. 화가란 자기가 보는 관점에서 세계를 우리에게 전달해 주고 안과의사는 세계를 있는 그대로 우리에게 보여 주려고 한다. 로고세라피 의사의 역할은 환자의 시야를 넓혀서 의의와 가치를 총체적으로 인식할 수 있도록 해주는데 있다. 로고세라피는 환자에게 판단을 강요하지 않는다. 왜냐하면 사실인즉 진리란 저절로 받아들여지는 것이며 누가 중재할 필요가 없는 것이다.

　인간이란 책임감이 있는 동물이며, 또 인생의 잠재적 의의를 실현해야 한다고 확인함으로써 나는 인생의 참된 의의는 세계 안에서 발견되는 것이지, 폐쇄된 조직인 양 그의 내부와 정신 속에서 발견되는 것이 아님을 강조하고 싶다. 마찬가지로 인간 실존의 참된 목적은 이른바 자아 실현 속에서 찾을 수는 없다. 인간 실존은 본질적으로 자아 초월이지, 자아 실현이 아니다. 자아 실현이 가능한 목적이 될 수 없다는 것은, 인간이 목적을 위하여 노력을 하면 할수록 더욱 그 목적을 붙잡을 수 없다는 단순한 논리가 증명해 준다.

　인간이 자아 실현을 한다는 것은 자신이 인생의 의의를 달성하기로 결심한 그 한도에서만이 가능할 뿐이다. 다시 말하자면 자아 실현이란 만약 그 자체가 하나의 목적이 된다면 달성될 수 없는 것이고, 오직 자아 초월의 부수적인 결과로써만 온다.

　이 세계를 단순한 자아 표현의 대상으로서 간주해서도 안 되며 또한 자아 실현의 단순한 도구나 목적을 위한 수단으로써 간주해서도 안 된다. 두 가지 경우 다 세계관은 세계적인 가치 저하로 변하고 만다.

　이상에서 나는 인생의 의의는 변하지만 그것은 없어지지 않는다는 것을 설명했다. 로고세라피에서는 인생의 의의를 세 가지로 나누어서 생각한다. ① 행위에 대해서 ② 가치를 경험함으로써 ③ 괴로움을 통해서이다.

　첫번째 사항, 즉 일의 성취나 달성은 설명할 나위가 없고 두번째와 세번째 사항은 설명이 필요하다.

　인생의 의의를 발견해 내는 두번째 방법은 자연의 위용이나 문화의 소산물 같은 것을 경험함으로써, 그리고 사랑을 통해서 어떤 인간을 경험함으로써 발견하는 일이다.

사랑의 의의

사랑이란 다른 사람을 그의 인격의 가장 깊은 데까지 아는 유일한 길이다. 사람을 사랑하지 않고는 그 사람의 본질을 완전히 파악할 수 없는 것이다. 사랑이라는 정신적인 행위를 통해서 우리는 사랑하는 사람의 본질적인 특성과 속성을 알 수 있게 된다. 더 나가서는 사랑하는 사람 속에서 잠재적인 힘 즉, 아직 실현은 안되었지만 실현되어야 할 그런 가능성을 보게 되는 것이다. 나아가서 인간은 사랑에 의해서 사랑하는 사람으로 하여금 이같은 가능성을 실현할 수 있게 해주는데, 사랑하는 사람으로 하여금 자신의 가능성과 기대를 인식시킴으로써 그 가능성은 실현된다.

로고세라피에서는 사랑을 성욕 및 소위 승화작용이라는 본능의 2차적인 현상으로써 해석하려고 하지 않는다.

사랑은 성과 마찬가지로 1차적인 현상이다. 대체로 봐서 성은 사랑을 위한 표현의 한 양식이다. 사랑이 정당화되고 신성시까지 되는 것은 사랑의 매개체이고 또 매개체인 동안에 한한다. 이리하여 사랑은 성의 단순한 부작용으로써가 아니라, 성은 사랑이라고 하는 궁극적인 결합의 경험을 표현하는 방법으로서 이해된다.

인생의 의의를 찾는 세번째의 길은 괴로움을 통해서

이다.

### 괴로움의 의의

 전혀 피할 수 없는 상황에 처했을 때, 변경할 수 없는 운명에 직면했을 때, 예를 들면 수술이 쉽지 않은 암이라는 어려운 병에 걸렸을 때 우리는 최고의 가치를 실현하는 기회를, 괴로움이란 가장 심오한 의의를 실현하는 최후의 기회를 얻게 된다. 이때에 무엇보다 중요한 것은 괴로움에 대하여 우리가 취하는 태도, 괴로움을 우리 몸으로 받아들이는 태도이다.

 뚜렷한 예를 하나 들어 보기로 하다. 한번은 나이가 지긋한 의사 한 분이 심한 우울증으로 나를 찾아온 적이 있었다. 이세상에서 가장 사랑했던 그의 아내가 2년 전에 세상을 떠났다. 그는 아내의 죽음을 극복해 나갈 수가 없었던 것이다. 어떻게 하면 이 사람에게 도움이 될 수 있을까. 무슨 말을 들려주어야 할까. 그러나 나로서는 그에게 아무 말도 할 수가 없었다. 그 대신 다음과 같은 문제를 내세웠다.

 "만약 선생님이 먼저 돌아가시고 부인께서 살아 남게 되었다면 어떻게 되었을까요?"

 그랬더니 그 의사가 말했다.

"후! 그건 아내로서는 견딜 수 없는 일이었을 겝니다. 아내의 괴로움이 오죽 했을라구요?"

나는 대답했다.

"아시다시피 선생님 부인께서는 그같은 괴로움을 모면하신 게 아닙니까? 그리고 부인께 그 괴로움을 모면하게 해준 당사자는 바로 선생님 자신입니다. 그러니 이제는 선생님이 살아 남아서 부인을 애도함으로써 대가를 치러야 합니다."

그 의사는 아무 말도 하지 않은 채 그저 내 손을 잡았다 놓고는 조용히 나의 사무실을 물러 나갔다. 괴로움이란 희생의 경우처럼, 의의를 발견하는 순간엔 어느 면에서 괴로움이 되지 않는다.

물론 이것은 엄격한 의미에서 치료가 아니다. 왜냐하면 첫째, 의사의 절망은 병이 아니었고 둘째, 나는 그 의사의 운명을 변경할 수 없었을 뿐만 아니라 그의 아내를 소생시킬 수 없었기 때문이다. 그러나 그순간에 나는 변경할 수 없는 그의 운명에 대한 태도를 바꾸어 놓는데 성공한 셈이다. 왜냐하면 그 시간부터 그 의사는 적어도 자기가 받는 괴로움의 의의를 확실히 깨닫게 되었기 때문이다. 로고세라피의 기본적 원칙의 하나는, 인간의 중요한 관심은 쾌락을 추구하거나 괴로움을 피하는 일이 아니고 자기 인생에서 의의를 발견하는데 있다. 이런 이유로 사람은 만약 자기가 받는 괴로움에 의의가 있다면 분명히 그것을 몸소 받아들이기도 하는 것이다.

만약에 괴로움이 절대적으로 필요하지 않는 경우에 그 괴로움에 의의가 없는 것은 더 말할 여지가 없다.

예를 들면 수술로써 치료 가능한 암이라면 환자는 그것을 십자가인 양 메고 가서는 안 될 일이다. 그것은 영웅심의 발동이 아니라 자기 학대에 지나지 않는다.

그러나 의사가 환자의 병을 고칠 수 없다거나, 고통을 덜어 준다 해도 환자에게 위안을 가져다 줄 수 없을 경우에는, 의사는 환자에게 스스로 괴로움의 의의를 실현시킬 수 있는 능력을 길러 주어야 한다. 종래의 정신요법의 목적은 일을 할 수 있고 또 인생을 즐길 수 있는 환자의 능력을 회복시켜 주는데 있었다. 로고세라피는 이같은 내용도 포함하고 있지만 더 나아가서, 필요하다면 환자로 하여금 괴로움을 받아들일 수 있는 능력을 되찾게 해주는데 목적이 있고 이같이 해서 괴로움 속에서까지도 의의를 찾을 수 있게 해준다.

이와 관련해서 미국 퍼듀 대학 심리학 교수인 바이스코프 조엘슨 여사는 로고세라피에 관한 논문에서 다음과 같이 지적했다.

"오늘날 우리의 정신 건강학에서는 사람은 으레 행복해야 한다는 관념을, 그리고 불행이란 적응 불능이란 관념을 강조하고 있다. 이와 같은 가치관의 필연한 불행의 짐은, 불행에 대한 불행 때문에 불어나고 있다."

그리고 다른 논문에서 여사는 로고세라피에 대한 희망을 표시하며 말하기를, 로고세라피에는 미국의 현대문화에 있어서 불건강한 추세에 중화작용이 될 수 있을 것이라면서, 미국에서는 불가피한 사정으로, 괴로움을 받는 사람이 자기의 괴로움을 자랑으로 여길 기회가 없어서, 또 괴로움을 품위 저하의 대상으로서가 아니라 품위를 고상하게 해주는 것이라 생각할 수 있는 기회가 없기 때문에, 당사자는 불행에 덮쳐서 자신의 불행을 수치로 여길 정도라 했다.

상황에 따라서 사람은 자기가 맡은 바 일을 한다거나 혹은 인생을 즐길 기회가 단절되는 수가 있다. 그러나 빼놓을 수 없는 것은 괴로움의 불가피성이다. 괴로움을 용감하게 받아들임으로써 인생은 최후의 순간까지도 의의를 지니게 되며 이 의의는 문자 그대로 최후까지 남아 있게 된다. 다시 말하자면 인생의 의의는 괴로움의 잠재적 의의도 포함되기 때문에 그건 조건 없는 의의인 셈이다.

내가 수용소에서 겪은 일 가운데, 아마도 가장 심오하다고 여긴 것을 상기해 보기로 한다. 수용소에서 살아날 확률은 정확한 통계에 의해서 쉽게 확인할 수 있는 것이지만, 20대 1이었다. 나의 첫번째 책의 원고—아우슈비츠에 도착했을 때 윗옷 안에다 숨겨 두었던—가 구출되리라고 하는, 개연성은 그만두고 가능성마저 없었다. 그래서 나는 나의 정신적인 아들의 죽음을 당해야 했고 이를 극복해야 했다. 그리고 나 이외는 그 무엇도, 그 누구도, 살아 남을 것 같지 않았다. 나의 혈육을 받은 아들이거나 정신적인 아들(저서)이거나 간에. 결국 나는 이와 같은 환경에서는 나의 인생이 아무런 의의가 없는 것일까 하는 문제에 당면하게 된 것이었다.

내가 그렇게도 갈구하던 이 문제에 대한 해답이 머지 않아 내게 주어질 것을 미처 깨닫지 못했던 것이다. 이때에 나는 입은 옷을 내주고 그 대신 아우슈비츠 역에 도착한 후 가스처형실로 이송된 동료의 누더기 옷을 받았다. 두터운 내 원고 대신에 새로 걸쳐 입은 윗옷 안에서 헤브류 기도서—유태인의 기도서—에서 찢겨진 페이지가 한 장 나왔다.

이같은 우연의 일치를 두고 나의 생각을 종이 위에 옮겨 쓰느니보다는 이를 실천에 옮기는 게 어떻겠느냐 하는 의욕이 생기지 않았겠는가.

나는 그무렵 머지않아서 죽을 것 같은 생각이 들었던 것으로 기억한다. 그러나 이 위기를 당해서도 나의 관심은 대다수의 나의 동료들과는 다른 것이었다. 동료들은 '수용소에서 살아 나가게 될까. 이 모든 괴로움은 의의가 있는 것일까.'라고 질문을 하고는 했지만, 나를 떠나지 않았던 의문은 다음과 같은 것이었다. '이 모든 괴로움이, 이렇게 모두들 마구 죽어 가는 것이 진정 의미가 있는 것일까?' 그렇지 않고서는 궁극적으로 생존할 의의가 없는 것이다. 인생이 우리가 모면하든 안하든 그저 우연한 일에 좌우된다면 궁극적으로는 살아갈 가치가 없는 것이 되고 말기 때문이다.

### 형이상학적 임상문제(臨床問題)

의사는 차차 인생이란 무엇인가, 도대체 괴로움이란 어떤 것인가라는 질문을 받게 된다. 오늘날 정신의학자는 끊임없이, 그리고 계속적으로 신경성 질환자보다는 인생문제에 괴로워하는 환자들은 더 많이 접하게 된다. 오늘날 정신의학자를 찾는 사람 가운데는, 목사나 신부 혹은 율법사를 찾아갔을 많은 사람들이 지금은 성직자한테 찾아가지 않기 때문에, 의사들은 정서적인 갈등보다는 철학적인 문제에 당면하게 되었다.

로고드라마 (로고세라피의 임상극)

언젠가, 열한 살 먹은 자식과 사별한 어머니가 자살 미수 끝에 나의 진료소로 찾아왔다. 나의 동료인 코쿠렉 박사는 그 여인을 집단 치료에 나오도록 했다. 나는 그때 우연히 동료 의사가 사이코드라마(심리극)를 주도하고 있는 진료실에 들어서게 되었다. 그 여인은 자초지종을 들려 주었다. 자식이 죽고 나자 그 여인에게는 죽은 자식의 형 하나만이 남게 되었는데, 형은 소아마비로 절름발이였다고 했다. 이 불구 자식을 휠체어에 태워 남이 밀고 다녀야 했다. 그러던 중 어머니는 운명을 거역하게 된 것이었다. 그러나 어머니가 자식과 함께 자살을 기도하려고 했을 때, 자살을 만류한 것은 이 불구 자식이었다. 자식에게는 인생이 아직 의미가 있는 것이었다. 그러면, 어머니는 왜 그럴 수가 없었을까. 어떻게 하면 이 어머니의 인생이 의미 있는 것이 될 것인가. 그리고 어머니인 그 여인에게 어떻게 하면 인생의 의의를 깨닫게 도와 줄 수 있을까.

나는 아무 준비도 없이 토론에 끼어 들었다. 나는 집단 가운데의 다른 여인에게 나이가 몇이냐고 물었다. 그러자 그 여인은 30이라 대답하는 것이었다. 나는 말을 되받았다.

"무슨 말씀을! 아니 지금 여든 살이 아닙니까? 임종을 기다리는 몸이신데! 그리고 부인께서는 지나온 날을 기억하고 있지요? 자식이 없는 인생, 그러나 재산이 많고 사회적으로 이름이 났던 지난날을 말입니다!"

그리고 나서 나는 그 노파에게 이런 경우 어떠한 생각이 나는지 상상해 보라고 하면서 말을 계속했다.

"부인의 소감은 어떠하며, 스스로에게 할 말은 없는지?"

다음에 이 부인의 말을 녹음한 테이프를 그대로 들어보기로 하자.

"저, 저는 백만장자와 결혼했습니다. 재산이 넉넉해서 유족한 생활이었습니다. 한껏 살았지요. 사나이들과 놀아나기도 하고 곯려 주기도 하고요. 그런데 이젠 나이 80이 된 몸입니다. 슬하에 자식 하나 없이 지금 늘그막에 생각해 보니 모든 것이 다 무엇 때문이었는지 모르겠어요. 사실 저는 저의 인생이 실패이었음을 자인하지 않을 수 없습니다."

다음에 나는 불구의 자식을 가진 어머니에게 자기의 인생을 회고해 보도록 부탁했다. 이 여인의 말을 녹음테이프로 들어보기로 한다.

"저는 어린애를 갖고 싶어했습니다. 결국 소망이 이루어진 셈이지요. 그러나 한 아이는 죽었어요. 나머지 한 아이는 불구자여서 만약 그애의 뒷바라지를 내가 맡지 않았다면 그애는 요양소에 보내졌을 겁니다. 비록 불구이고 남의 도움이 없이는 못 사는 아이지만 그래도 내 자식입니다."

이 순간 그 어머니는 와락 눈물을 쏟았다. 그녀는 울면서 말을 이었다.

"저로서는 지나온 저의 인생을 담담하게 돌이켜 볼 수 있습니다. 저의 인생은 충분한 의의가 있고 저는 그 의의를 실현하고자 온힘을 기울여 왔으니까요. 저는 힘껏 노력했습니다. 저의 자식을 위해서요. 저의 인생은 조금도 실패가 아니었습니다."

자신의 인생을 마치 임종의 마당에서 관조하듯, 그 여인은 갑자기 인생의 의의를 알게 된 것이었다. 온갖 괴로움을 총망라한 의의를. 이와 마찬가지로 짧은 동안의 인생—죽은 자식의 경우 같은 것—도 기쁨과 사랑으로 충만해서 80년의 인생보다 더 큰 의의를 지니고 있는 것이었다.

얼마 후 나는 다른 질문으로 옮겼다. 이번에는 집단 전체를 향해서 이야기를 진행시켰다. 소아마비 혈청을 개발하기 위해서 몸에 수없이 구멍이 뚫리는 원숭이는, 이러한 괴로움의 의의를 알 수 있을 것인가 하는 질문이었다. 한 사람도 이의 없이 그렇지 않노라 대답했다. 원숭이는 한정된 지능 때문에 괴로움이 이해되는 인간 세계를 이해할 수 없는 것이다. 괴로움이 이해되는 세계는 인간 세계뿐이다. 그리고 나서 나는 다음과 같이 물었다.

"그럼, 인간은 어떻다고 보십니까? 여러분들은 인간 세계를 우주 진화 과정에서 종착점이라 믿고 있습니까? 아직 또 하나의 차원인 인간 세계 저 너머 세계가 가능하다고 상상할 수 없습니까? 인간의 괴로움의 궁극적인 의의가 무엇인가에 대한 해답이 발견되는 그러한 세계 말입니다."

### 초월적 의의

이 궁극적인 의의는 필연적으로 인간의 유한한 지적 능력을 초월한다. 로고세라피에서는 이것을 두고 초월적 의의라 부른다. 인간에게 요망된 것은 몇 명의 실존주의 철학자들이 말하듯이 인생의 무의미를 견뎌 가는 일이 아니요, 오히려 인생의 절대적인 의의는 이성으로는 파악할 수 없다는 것을 알고 나가야 하는 것이다. '로고스'는 논리보다 깊다.

초월적 의의를 배제하는 정신의학자는 조만간 환자들로부터 난처함을 겪게 된다.

"아빠, 왜 사람들은 자비로운 하느님이라고들 해요?"라고 여섯 살짜리 딸이 나에게 물었을 때 내가 겪었던 것과 같은 입장이 될 것이다. 나는 딸에게 대답해 주었다.

"몇 주일 전에 넌 홍역을 앓았단다. 그런데 자비로운 하느님께서 너의 병을 완전히 낫게 해주셨단다."

그러나 이 꼬마는 만족하지 않고 나의 말을 되받았다.

"음, 그렇지만 아빠는 몰라. 먼저 하느님이 나한테 홍역을 갖다 주었잖아!"

그러나 환자가 종교적인 신앙이 강할 때는 환자의 신앙을 치료 효과로 이용함으로써 그의 영적인 힘을 끌어낼 수 있다는 데는 반대의 여지가 없다.

이렇게 하기 위해서 정신의학자는 자신의 위치를 환자의 위치와 바꾸어서 생각해 볼 수 있다. 한 가지 예를 들어 본다.

동유럽에서 온 한 율법사가 나에게 찾아와서 사연을

들려준 적이 있었는데, 나는 그때 그의 신앙을 결부시켰다. 그의 첫번째 부인과 자녀 여섯이 모두 아우슈비츠 가스처형실의 제물이 되었다. 재혼을 해서 얻은 부인은 알고 보니 불임증이었다. 나는 자녀 출산이 인생에 있어서 유일한 의의는 아니라고 말하고, 그렇다면 인생은 원래가 무의미한 것이 되어 버리지 않겠느냐, 그리고 원래 무의미하다는 것은 아무리 그것이 계속된다 해도 의의 있는 일은 아니라고 했다. 그러나 이 율법사는 정통파 유태인으로서 자기가 죽은 뒤 자기에게 제사를 지내 줄 자식이 없다는 절망감 때문에 자기의 어려움을 얘기하는 것이었다.

그러나 나는 포기하지 않았다. 나는 그에게 도움이 될 마지막 시도를 했다. 천국에 가서 자식들을 다시 만날 희망을 갖지 않느냐고 물었다. 그러자 그는 질문을 받고 비오듯 눈물을 흘리는 것이 아닌가. 그가 절망하고 있는 진정한 이유가 드러났다. 그가 설명하기를 자식들은 죄 없는 순교자로서 죽었기 때문에 천국에 가서도 가장 높은 자리를 차지하고 있겠지만 자기는 죄 많은 늙은이로서, 자식들과 같은 자리를 기대할 수 없지 않으냐 했다. 나는 여기서 물러서지 않고 그의 말을 받아서 물었다.

"율법사님! 바로 이것이 자식들을 보내 놓고 살아 남은 의의라고 생각해 볼 수는 없습니까? 이같이 오랫동안 괴로움을 통해서 율법사님은 정화가 되어 마침내는 법사님도, 비록 자식들처럼 결백할 수야 없겠지만 천국에 있는 자식들과 함께 할 자격을 얻지 않겠습니까? 잠언에서도 그렇게 씌어 있지 않습니까? 주님은 너희의 눈물을 모두 맡고 있느니라고요. 그러므로 아마 율법사님의 괴로움도 헛되지 않았을 겁니다."

이 말을 들은 율법사는 내가 보여준 새로운 관점을 통해서 여러 해 만에 처음으로 자기의 괴로움에서 구원을 얻게 되었다.

### 인생의 무상

인간생활에서 의미를 빼앗아 가는 것으로는 괴로움과 빈사 상태, 곤경, 그리고 죽음 등이라 하겠다. 그러나 나는 인생에 있어서 무상한 것이 정말 있다면 잠재적 가능성이라고 침이 마르도록 이야기해 왔다. 잠재적 가능성은 실현이 되는 순간에는 현실로 바뀐다. 이렇게 해서 구원을 받아 과거로 넘어가면 과거 속에서 보존되어 무상의 경지에서 탈피하게 되는 것이다. 왜냐하면 과거 속에는 모든 것이 영영 없어지는 것이 아니라 영원히 축적되는 것이기 때문이다.

이와 같이 우리 생존의 무상함이란 결코 우리의 생존을 무의미하게 해주는 것이 아니다. 오히려 무상은 우리에게 책임 의식을 가져다 준다. 왜냐하면 모든 것은 본질적으로 순간적(무상한) 가능성에 달려 있기 때문이다. 인간은 현재의 많은 잠재적 가능성 가운데서 끊임없이 선택을 한다. 이 가운데 어느 것이 무(無)로 낙인이 찍히고 어떤 것이 실현되는가. 어떠한 선택이 현실화되어 시간의 모래 위에 불멸의 발자국을 남기는가. 어느 순간에나 인간은 좋든 나쁘든 간에 자기 생존의 기념비가 무엇인가를 결정한다.

참으로 인간은 흔히들 그루터기만 남은 무상의 들판만을 생각할 뿐이지, 자신의 온갖 행위와 기쁨 그리고 괴로움이 한데 쌓여 있는 과거라는 풍성한 곡식 창고는 지나쳐 버린다. 어떤 것도 돌이킬 수 없고, 어떠한 일도 지워 버릴 수 없다. 과거란 가장 확실한 존재가 아닐 수 없다.

로고세라피는 인간 실존의 본질적인 무상에 유의하면서 비관적이 아니라 행동파적인 적극성을 띠고 있다 하겠다. 이를 비유해서 말하자면 비관론자는 벽에 걸린 달력이 매일 한 장씩 뜯길 때에 달력이 얇아지는 것을 두려움과 비애로써 지켜 보는 사람이라 하겠고, 이와 반면 인생 문제를 적극적으로 대하는 사람이란 매일 한 장씩 뜯어낸 달력의 뒤쪽에다 간단한 메모를 남겨서 그걸 한 장씩 한 장씩 차곡차곡 순서대로 철해 가는 사람과 같다 하겠다. 그는 이 메모 속에 적혀진 풍요를, 아낌 없이 살아온 인생을 자랑과 기쁨으로 돌이켜 볼 수 있는 것이다. 늙어 가는 자신을 지켜본다 해서 문제될 것이 무엇이겠는가. 젊은이들을 보고 부러워할 까닭이 무엇이겠는가. 이미 가 버린 청춘을 두고 향수를 느낄 까닭이 있겠는가. 무슨 까닭으로 젊은이를 부러워하는가. 젊은이들이 가진 가능성 때문에, 앞으로 다가올 미래 때문에. "원, 천만에요!"라고 그는 말하리라. 그가 말하기를, "가능성 대신 나는 과거 속에 현실이 있고 성취한 일과 이루어 놓은 사랑의 현실뿐 아니라 내가 겪은 괴로움이란 현실이 있다. 이같은 일들은 비록 선망을 불러일으켜 주지는 않을망정, 내가 가장 자랑으로 여기는 일들이다."

### 기교로서의 로고세라피

죽음과 같은 현실적인 공포란 정신역학적 해석으로써는 소멸되지 않는다. 그와 반면 광장(廣場) 공포증 같은 신경성 공포증은 철학적인 이해를 가지고 치료될 수 없는 것이다. 그러나 로고세라피는 이러한 상황을 다루는 특별한 테크닉을 발전시켰다.

어떠한 경우에 이 테크닉이 적용되는가를 알기 위해서, 노이로제에 걸린 사람한테서 자주 볼 수 있는 '예상적 불안'을 기점으로 해서 생각해 보자. 이 공포증의 특징은 환자가 공포를 느끼는 바로 그 자체가 공포가 된다. 예를 들면 넓은 방에 들어가서 여러 사람과 마주치면 얼굴이 붉어질까봐 미리 겁을 내는 사람은 그런 경우를 당하면 실제로 얼굴이 붉어진다. 이런 경우를 두고 '소원은 생각의 아버지'란 말을 '공포는 사건의 어머니'라고 돌려서 말할 수 있을 것이다.

공포 자체가 공포의 대상을 불러일으키는 것과 마찬가지로, 무리한 욕구는 바라는 바를 못 이루어지게 한다.

아이러니컬한 일이라 하겠다. 과잉 의욕이라고 부르는 이 현상은 특히 성적 노이로제에서도 볼 수 있다. 남성이 성적 능력을 과시하려고 하면 할수록, 여자가 오르가슴을 경험하려고 하면 할수록 결과는 정반대가 되고 만다. 쾌락이란 부산물인 것이며 또 당연히 그래야 한다. 쾌락 그 자체가 목표인 경우의 쾌락은 파괴되고 없어지고 만다.

위에서 말한 과잉 의욕 이외에도 과잉주의, 다시 말해서 로고세라피에서는 과잉 반성이란 것이 있는데 이것 역시 병원성이어서 병을 유발하게 된다.

다음의 임상 보고는 나의 의도를 해명해 주리라 믿는다. 한 젊은 부인이 나한테 와서 불감증을 호소했다. 병력을 보니 이 여인은 어릴 적에 자기 아버지한테서 성적으로 악용을 당한 적이 있었다. 그러나 그 여인에게 성적 노이로제를 몰고 온 것은, 이같은 외상적(外傷的) 경험 자체가 아니었다는 것을 나는 쉽게 증명할 수 있었다. 이 여인은 알고 보니 통속적인 정신분석 책을 읽고 나서 자신이 받은 외상으로 타격을 받으리라는 무서운 기대 속에서 지금껏 살아온 것이었다.

이러한 예상적 불안은 결과적으로 자기의 여성적인 점을 확실히 하려는 과잉주의와, 상대방에보다는 자기 편에 과잉주의를 가져오게 된 것이다. 그렇기 때문에 이 환자가 성적인 쾌락의 절정을 경험할 수 없는 것도 무리가 아니었다. 왜냐하면 오르가슴은 상대방을 위한 자연스러운 마음에서 무의식적으로 오는 것이지, 의욕과 주의의 대상으로서 오는 것이 아니기 때문이다. 단기간 로고세라피를 받은 후에 이 환자에게서 오르가슴을 경험하려는 과잉 의욕과 과잉주의는 배제되었다. 로고세라피에서는 주의 배제라고 부른다. 여인의 주의가 자기 아닌 상대에게 돌아가자 오르가슴은 자동적으로 일었다.

로고세라피에는 역설적 의도란 것이 있는데, 이것은 공포 그 자체는 공포를 유발한다는 사실과, 과잉의욕이란 소망한 바를 불가능하게 한다는 두 가지 사실에 입각하고 있다. 이 방법에 따르면 공포증환자는, 잠시 동안이라도 바로 자기가 두려워하는 바를 들고 나온다.

한 가지 예를 상기해 보기로 한다. 어느 젊은 의사 한 사람이 다한증(多汗症)으로 나를 찾아왔었다. 그는 땀이 쏟아져 나오려니 하고 생각만 하면 이 예상적 불안만으로 땀이 비오듯 쏟아져 나온다 했다. 이같은 주기적 현상을 없애기 위해서 나는 환자에게 땀이 날 경우에는 사람들에게 땀이 난다는 것을 오히려 자랑삼아서 보여 주라고 일러 주었다. 후에 그는 나에게 와서 결과를 전해 주었다. 즉 어떤 사람을 만났을 때 자기의 예상적 불안이 터져 나오면 그는 스스로 타일렀다는 것이다.

"이전에는 한 되의 땀을 흘렸으나 이번엔 적어도 한 말은 흘려야지."
라고.

그 결과, 그는 단 한 번의 임상치료로써 4년 동안이나 겪던 공포에서 일주일 안에 영원히 자유로운 몸이 되었다.

이 과정에서는 환자의 공포를 역설적인 소망으로 대체시킴으로써 환자의 태도를 뒤엎어 놓은 것임을 알 수 있을 것이다. 이러한 치료로써 불안의 돛배에서 바람을 완전히 잦아들게 한다.

그러나 이같은 치료 과정은 자아초연이란 유머 감각을 활용하지 않으면 안 된다. 자기 자신으로부터 초연할 수 있는 능력은 '역설적 의도'라는 로고세라피의 테크닉이 적용되면 실현이 된다. 이와 동시에 환자는 자신을 노이로제에서 거리를 둘 수 있다. G.W. 앨포트에 의하면 노이로제 환자로서 자신에게 웃을 수 있는 사람은 자기 통제의 길, 말하자면 치료의 단계에 접어든 사람이라 했다. 역설적 의도는, 앨포트 교수의 말이 경험적 타당성 및 임상적 적용성도 있음을 보여 준다.

몇 가지 실례를 들어 이 방법을 더 명백히 해보기로 한다. 다음 환자는 장부 정리하는 사람인데 그는 많은 의사와 진료소를 찾아다니면서 치료를 받은 적이 있었으나 별다른 성과를 거두지 못했다. 그 사람이 나의 진료소의 문을 두드렸을 때에는 극도의 절망에 빠져 있었고 자살마저 기도했었다고 고백하는 것이었다. 최근 몇 년 간에 걸쳐서 그는 서경(書痙)을 겪어 왔는데 최근에는 악화되어 실직의 위험에 봉착하게 되었다. 그러므로 이 상황을 해결해 주는 길은 즉각적인 단기 요법밖에 없었다.

치료의 기본방법으로서 나의 동료 의사는 이 환자에게 자기가 평소하던 일과 정반대로 일을 해보라고 권했다. 그러니까 글씨를 정결하고 꼼꼼하게 쓰려고 하지 말고 될 수 있으면 악필로 낙서를 해보라는 것이었다. 그리고 의사는 환자에게 '이제는 지독한 악필가임을 사람들에게 보여 주어야지.'라고 스스로 타이르도록 권했다. 그러나 그 환자는 자기가 일부러 악필을 휘두르려고 해 봤지만 그렇게 되지가 않았다. 이튿날 그가 말했다.

"마구 갈겨 써보려고 했지만 아무리 해도 되지 않더군요."

그러나 이 환자는 48시간 안에 서경에서 해방이 되었고 치료를 받고 난 후 관찰 기간 동안에도 아무런 일이 없었다. 그는 다시 행복을 되찾았고 아무 탈 없이 직장에서 근무를 계속했다.

이와 비슷한 경우인데, 이번엔 글씨 쓰는 일이 아니고 언어 활동과 관련된 경우다. 외래병원 이비인후과에서 근무하는 동료 의사의 이야기이다. 치료 역사상 가장 심한 말더듬이의 경우였다. 이 말더듬이가 기억하기로는 출생 이후 한 순간이라도 언어 장애를 받지 않은 경우가 꼭 한 번 있었다 한다. 그가 바로 열두 살 나던 해의 일이었다. 그는 전차에 요금을 내지 않고 몰래 탔었다. 그는 차장한테 붙들리고 말았다. 그러자 말더듬이는 위기를 벗어나는 길은 차장의 동정을 사는 길밖에 없다고 생각이 들어서 자기가 가엾은 말더듬이란 것을 보여 주려고 했었다고 한다. 그런데 웬일인가, 말을 더듬고자 한 순간, 말이 더듬어지지가 않았다고 한다. 자기도 모르는 사이에 그는 역설적인 의도를 실천에 옮긴 게 되었던 것이다. 비록 치료의 목적은 아니었지만.

그러나 이상과 같은 예로써 역설적 의도는 단일 증상의 경우에만 효과적이란 인상을 주려는 것이 아니다. 이상과 같은 로고세라피의 테크닉을 활용해서 빈 외래 환자병원에서 근무하는 동료 의사들은 가장 심하고 오래 된 강박성 성격 노이로제까지도 치료를 성공시킨 예가 있다.

65세 된 여인의 경우다. 이 부인은 60년 동안이나 심한 세척(洗滌) 강박증 환자였다. 나는 이에 대한 유일한 치료방법은 뇌엽절제 수술뿐이라고 생각하고 있었다. 그런데 나의 동료는 역설적 의도라는 로고세라피 치료를 시작해서, 2개월 후에 이 환자로 하여금 정상적인 생활을 영위하게 하였던 것이다. 병원에 들어오기 전에는 이 부인은 산다는 게 지옥이라고 고백했었다. 강박감과 세균 공포 강박감 때문에 이 부인은 전혀 가사도 돌볼 수 없어 온종일 자리에 누워 있어야 했다. 이젠 강박감이 떠오르지 않게 되었다 해서 이 부인의 증상이 완전히 없어졌다고 말하는 것은 정확한 진단이 아닐 것이다. 그러나 지금은, 부인의 말을 빌린다면 "농으로 생각한다."고 했다. 한마디로 말해서 그 부인은 역설적 의도를 활용한다는 말이었다.

역설적 의도는 불면증 환자에게도 적용이 된다. 불면 공포증은 결과적으로 잠을 재촉하려는 과잉 의도를 가져오게 되어 환자는 오히려 더 잠을 잘 수 없게 된다.[1]

이상과 같은 불면증 환자에게 나는 잠을 자려고 하지 말고 반대로 가급적이면 오랫동안 잠을 자지 않으려고 노력하라고 권한다. 다시 말하자면, 잠을 자지 못할 것이다 라는 예상적 불안 때문에 잠을 재촉하려는 과잉 의도는, 잠을 안 자려는 역설적 의도로 바뀌어야 한다는 것이다. 그러면 이윽고 잠이 들게 된다.

역설적 의도는, 특히 예상적 불안이 원인이 되는 경

우 즉 강박증 및 공포증 치료에 도움이 된다. 이것은 단기 치료가 된다. 그렇다고 이 단기 치료는 필연적으로 일시적인 치료 효과만을 가져오는 것이라고 결론을 내려서는 안 된다. 가테일 여사가 말한 적이 있다. 정통파 프로이트 학파는 치료 효과의 기간은 치료 시간에 비례한다는 환상을 품고 있다고. 예를 들어 나의 서류철에는 20년 이상 경과된 환자에게 역설적 의도를 실시한 병력 보고서가 있는데 치료 효과는 영속적인 것이었다.

가장 특기할 말한 사실은 역설적 의도는 병원적인 근거에 관계 없이 효과적이란 것이다. 이것은 다음과 같은 E.바이코프 조엘슨 여사의 말을 확인해 준다.

"치료는 병원학적인 발견에 근거를 두어야 한다고 주장하는 것이 전통적인 정신요법이지만, 어릴 때에 어떤 요인이 '노이로제'를 일으키게 할 수도 있고 전혀 이질적인 요인이 성인기의 노이로제를 치유하게 할 수도 있다."

복합 감정(콤플렉스) 갈등 및 외상과 같은, 흔히 노이로제의 원인이라고 간주되는 것이 사실상, 원인이 아니라 노이로제의 징후가 되는 경우가 있다. 썰물 때에 나타나는 암초는 확실히 간조의 원인이 아니다. 오히려 암초를 나타나게 하는 것은 썰물이다. 그래, 우울증이란 일종의 정서적 썰물이 아니겠는가. 마찬가지로 내인성(內因性) 의기소침(노이로제로 인한 의기소침과 혼동이 없길 바란다)에서 전형적으로 나타나는 죄책감도 이 같은 의기소침의 원인이 아니다. 오히려 이와 정반대라 하겠다. 왜냐하면 죄책감을 의식의 표면에 나타나게 해준 것은 정서적 썰물이기 때문이다. 바로 이 썰물이 죄책감을 표면화시키는 것이다.

육체적인 것이든 정서적인 것이든, 체질적인 요인이 아닌 노이로제의 실제적인 원인에 있어서는 예상적 불안과 같은 피드백 과정이 주요한 병원적 요인인 것 같다. 일정한 증상은 공포증 때문에 반응이 일어나고, 이 공포증은 이 증상을 유발하고, 이 증상은 다시 공포증을 더해 준다. 비슷한 일련의 사건은 환자의 뇌리를 떠나지 않는, 즉 강박관념의 환자한테서 엿볼 수 있다. 그러나 이렇게 해서 환자는 병세가 더 악화되는데 압력은 반대 압력을 유발해 주는 까닭이다. 그와 반면 환자가 자신의 강박관념을 물리치려고 발버둥치지 말고 역설적 의도의 방법을 활용해서 강박관념을 하나의 웃음거리로 삼게 되면 앞서 나온 악순환은 멈추고 증상은 사라져서 소멸되고 마는 것이다. 이와 같은 증상을 초래하고 유발하는 실존적 공허가 아닌 경우에는 다행히 환자는 자신의 노이로제로 인한 공포증을 장난으로 생각할 수 있을 뿐 아니라 이를 완전히 무시해 버릴 수도 있다.

이와 같이 예상적 불안은 역설적 의도에 의해서 중화되어야 하고 과잉 의도 및 과잉 반사는 비(非)반사에 의하여 중화되어야 한다. 그러나 환자의 인생에 있어서 자신의 특별한 천직과 사명을 위한 방향 지시가 없다면 궁극적으로 비반사는 가능하지 않다.

주기 형성을 파괴하는 것은 연민이든 멸시이든 노이로제 환자 자신의 관심이 아니다. 치료의 실마리는 자기 스스로 참여하는데 있다.

집단적 노이로제

시대마다 그에 따르는 집단적 노이로제가 있고 또 시대마다 이에 대응하는 정신요법이 필요하다. 오늘날의 집단 노이로제인 실존주의적 공허는 허무주의의 개인적 형태라 볼 수 있다. 왜냐하면 허무주의란 존재의 무의미를 내세우는 주장이기 때문이다. 그러나 정신요법은 만약 허무주의 철학의 현대적 추세의 영향에서 탈피하지 않으면 집단적인 사항을 해결해 나갈 수 없을 것이다. 그렇지 아니하면 정신요법은 그 치료보다는 집단적 노이로제의 증상을 제시하는데 끝나고 만다. 이렇게 되면 정신요법은 허무주의 철학을 반영할 뿐 아니라 부지불식간에 그리고 부득불 환자에게 인간의 진면목을 전달할 수 없어 하나의 웃음거리밖에 되지 않는다.

무엇보다 먼저 인간은 생물학적·심리학적 및 사회학적 조건의 결과, 혹은 유전과 환경의 산물에 지나지 않는다고 하는 학설, 인간은 필연적인 결과라는 학설은 위험이 내포되어 있다. 이같은 인간관은 인간을 인간 아닌 로봇으로 전락시키고 만다. 이같은 신경성 질환 같은 운명론은 인간의 자유를 부인하는 정신요법에 의해서 조장되며 강화된다.

분명히 인간은 유한한 존재이고 그의 자유는 제약이 되고 있다. 인간의 자유는 조건으로부터 자유가 아니라 이 조건에 대하여 어떠한 태도를 취할 수 있는가 하는 자유이다. 예를 들면 내 머리가 백발이란 사실은 분명히 나의 책임이 아니다. 그러나 여인들처럼 머리를 염색하려고 이발소에 가지 않았다는 사실에는 책임이 있다. 이와 같이 누구에게나 자신의 머리 빛깔 선택의 경우만 하더라도 어느 정도의 자유는 남아 있는 것이다.

### 범결정론의 비판

정신분석은 흔히 이른바 범성욕론(汎性慾論) 때문에

비난의 대상이 되어 왔다. 그러나 나로서는 이같은 비난이 늘 정당했는지 의심스럽다. 그러나 내 생각으로는 이보다 더 그릇되고 더 위험한 가설이 있으니 그것은 소위 범결정론이란 것이다. 범결정론이란 인간이 주어진 조건에 대하여 자신의 태도를 취할 수 있는 능력을 무시해 버리는 인간관을 두고 말한다. 인간이란 완전히 조건의 제약을 받으며 이에 의하여 결정되는 것은 아니다. 인간이 조건에 굴복하느냐 혹은 이에 대결하느냐 하는 것은 자기 스스로가 결정을 한다. 다시 말하자면 인간은 궁극적으로 자아 결정을 한다. 인간은 단순히 존재하는 것이 아니고 언제나 자신의 미래의 생존을, 그리고 다음 순간에 대처할 자기의 위치를 결정하는 것이다.

이와 마찬가지로 사람은 누구나 어느 순간에고 달라질 수 있는 자유를 가지고 있다. 그러므로 우리는 집단 전체에 관한 통계적 틀에서만 미래를 예측할 수 있는 것이며 개개인의 인성은 본질적으로 예측할 수 없는 것이다.

예측의 근거가 되는 것은 생물학적·심리학적 및 사회학적 조건들이다. 그러나 인간 존재의 주요한 특징의 하나는 이와 같은 조건을 초월하고 또 그것을 초월할 수 있는 능력이다. 이렇게 해서 인간은 궁극적으로 자아를 초월한다. 인간은 자아 초월의 존재이다.

J 의사의 경우를 예로 들어 본다. 그 사람으로 말하자면 나의 전생애를 통해서 메피스토펠레스[2)]적인 악마라고 볼 수 있는 존재였다. 당시 이 사람은 빈 소재의 큰 정신병원인 〈시타인호프〉에서 대량 학살자라는 이름으로 통하고 있었다.

나치들이 안락사(安樂死) 계획을 발동하기 시작하자 모든 관건은 그의 손에 달려 있었고 그는 자기에게 부과된 일에 혈안이 되어서 단 한 사람의 정신병 환자도 가스처형실의 제물에서 면하지 못하게 했다. 종전 후 내가 빈으로 돌아가자 나는 J 의사의 소식을 물었다. 전하는 말로는 J 의사는 소련군이 시타인호프 병원의 한 독방에 유폐시킨 적이 있었다고 했다. 그러나 그 이튿날 그의 감방의 문이 열리자 그 뒤로는 일체 소식이 두절되었다는 것이었다. 나는 그가 후에 다른 사람들과 마찬가지로 동료들의 도움을 얻어서 남미(南美)로 피신한 것으로 확신했다. 그런데 얼마전 나는 전(前) 오스트리아 외교관 한 사람을 진찰하게 되었다. 이 사람은 처음에는 시베리아에서, 그 다음은 모스크바에 있는 유명한 류브리얀카 형무소 등지의 철의 장막 안에서 다년간 생활한 적이 있었다. 내가 이 사람의 신경학적 진찰을 하고 있는 동안 그는 나에게 혹시 J 의사를 아느냐고 물었다. 그렇다고 하자, 그 사람은 다음과 같이 이야기했다.

"나는 그분과 류브리얀카 형무소에서 알게 되었습니다. 그분은 40살쯤에 요도 방광암으로 그곳에서 병사했지요. 그러나 죽기 전에 그분은 세상에 다시 없는 나의 훌륭한 친구가 되었던 것입니다. 그분은 누구나 위로를 해주었지요. 생각할 수 없을 만큼 최고의 도덕률에 의해서 사는 분이었습니다. 오랫동안 영어(囹圄)의 몸으로서 내가 만난 가장 훌륭한 벗이었습니다."

이 이야기는 다름아닌 시타인호프의 대량학살자였던 J 의사에 관한 것이다. 누가 감히 인간의 행위를 예측할 수 있을 것인가. 기계나 자동장치의 운동은 예측할 수 있으리라. 뿐만 아니라 인간의 정신 상태의 과정도 예측이 가능할 수 있다. 그러나 인간은 정신 이상의 것이다.

어떻게 보면 범결정론은 교육자들에게 감염된 전염병균이다. 많은 종교인의 경우도 마찬가지이다. 이들은 이렇게 해서 자기들의 신앙의 바탕을 허물고 있다는 것을 아마 깨닫지 못하고 있는 성싶다.

신을 받아들인다거나 신을 거절하는, 인간의 자유도 인간에 대한 것과 마찬가지로 인정되어야 한다. 그렇지 않으면 종교는 망상이고 교육은 환상이 되고 만다. 자유에는 두 가지의 전제 조건이 다 필요하다. 그렇지 않으면 두 가지가 다 그릇 인식되고 말 것이다.

그러나 범결정론적 종교관에 의하면 사람의 종교 생활이란 유아시절의 경험에 좌우되기 때문에 제약을 받으며, 신에 대한 개념은 각 개인의 부상(父像)에 좌우된다. 이 견해와 대조적인 것으로서 주정꾼의 아들은 꼭 주정꾼이 될 필요가 없는 것이고 마찬가지로 사람은 무서운 부상의 악영향을 물리치고 신(神)과의 건전한 관계를 수립할 수 있는 것이다. 최악의 부상도 신과의 관계를 갖는 것을 막을 수가 없으며 오히려 깊은 종교 생활은 아버지에 대한 증오감을 극복하는데 필요한 소지를 마련해 준다. 이와 반대로 빈약한 종교 생활은 모두가 다 성장적 요인에 기인한다고 볼 수 없다.[3]

### 정신의학적 신조

인간을 제약하는 것 중에서 인간에게 최소한의 자유를 주지 않는 것보다 더한 것은 없다. 그러므로 아무리 제약을 받는다 해도 노이로제 환자와 심지어는 정신병 환자에게도 약간의 자유는 주어지게 마련이다. 정말로, 정신병이라 할지라도 환자의 인격(퍼서낼리티)의 본바탕은 침범할 수가 없다. 수십 년 동안 청각적 환각 때문에 내게 진찰을 받으러 왔던 60세 가량 된 사람의 일을 생각해 본다. 그는 파멸된 인간이었다. 주변 사람들은 누구나 그를 백치라고 생각했다. 그러나 얼마나 신기스런 마력이 이 사람에게 비쳐 왔던가! 그의 어릴 적 소망은 목사가 되는 것이었다. 그러나 그가 세상에서 맛볼 수 있는 유일한 기쁨이란 겨우 일요일에 교회의 성가대에서 노래하는 것뿐이었다. 그런데 그와 동행하는 여동생의 말을 들어 보면 그는 가끔 심한 흥분을 한다는 것이었다. 그러다가 마지막 순간에 가서 항상 자제를 한다고 했다. 나는 이 문제에 대해서, 이 환자는 여동생에 대한 강한 고정관념이 있는 것으로 보고 정신역학에 관심을 갖게 되었다. 어떻게 해서 자제를 하게 되느냐고 나는 물어보았다. "당신은 누구를 위해서 자제를 하오?" 그랬더니 환자는 얼마 동안 잠잠히 서 있다가 대답하는 것이었다. "하느님을 위해서입니다." 이 순간, 환자의 인격의 깊이가 드러났고 이 깊이의 바닥에는 그의 지능의 결핍과는 상관 없이 진정한 종교생활이 드러나보였다.

불치의 정신병 환자는 어느 곳에도 쓸모 없는 존재일지 모르지만 그러면서도 인간의 존엄성은 지니고 있는 것이다. 이것은 나의 정신의학적 신조이다. 이같은 신조가 없다면 정신의학자가 될 가치가 없다고 본다.

누구를 위해서.

다시는 회복이 불가능한 상한 두뇌를 위해서.

만약 이 환자가 그 이상의 것이 아닌 상태라면 안락사가 정당화될 수 있으리라.

### 다시금 인간화의 길로

너무나 오랜동안, 말하자면 반 세기 동안 정신의학은 인간의 마음을 단순한 기계로 해석하려 했고 결과적으로 정신병 치료는 단순한 테크닉으로 보아 왔다. 나는 이런 꿈은 백일홍으로 끝나는 것이라 믿고 있다. 지금 지평선에 나타나고 있는 것은 심리학적인 약품의 윤곽이 아니고, 인간화된 정신의학의 그것이다.

그러나 자기의 역할을 아직껏 테크닉의 역할로밖에 보지 않는 의사가 있다면, 그는 자기 환자의 병 뒤에 가려진 인간을 보는 것이 아니고 하나의 기계밖에 못보는 사실을 자백하게 되는 셈이다.

인간은 무엇보다도 물질이 아니다. 물질이란 상호 결

정 작용을 한다. 그러나 인간은 궁극적으로 자기 스스로 결정한다. 천부의 재능과 환경의 한계 안에서 인간은 자신이 원하는 바를 자기 스스로 만들어 낸다. 예컨대 수용소에서나, 나의 인간 연구소에서나, 또는 실험실에서 우리는 지켜왔다. 우리 동료 가운데는 돼지 같은 처세를 한 사람도 있었고 또 그 중에는 성인 같은 사람도 있었음을.

인간은 이 두 가지의 가능성을 다 자기 안에 지니고 있다. 그 중 어느 것이 실현되느냐 하는 것은 환경이 아니라 스스로의 결정에 달려 있는 것이다.

인간의 진상을 그대로 파악하게 되었다는 데서 우리 세대는 현실적이다.

결국 인간이란 아우슈비츠의 가스처형실을 고안해 낸 장본인이기도 하지만, 그 가스처형실을 향해서 주님의 기도를 외면서 의젓하게 걸어가는 존재이기도 하다.

㊟
1. 대개의 경우 불면증은 생체조직이 꼭 필요한 최소한의 수면을 공급해 준다는 사실을 망각하고 있다는 데 기인한다.
2. 괴테의 《파우스트》에 나오는 악마의 화신인 유혹자
3. 빈 외래환자병원에 있는 나의 의료반이 조사한 단면적 통계에 의하면 적극적인 부상(父像)을 체험한 환자의 약 3분의 1은 뒤에 가서 종교 생활을 그만 두었고, 그 반면 소극적인 부상을 가진 사람의 대부분은

오히려 종교적인 문제에 대하여 적극적인 태도를 가질 수 있었다. 무의식적인 동기 조성의 의미에서 종교를 정신역학의 산물로만 해석하면 문제의 핵심을 놓치고 또한 진상을 알 수 없다. 이같은 그릇된 생각 때문에 종교 심리학은 흔히 종교로서의 심리학이 되어 버리고 그 결과 흔히 심리학이 숭배의 대상이고 또 모든 것에 대한 해명이 되고 만다.

# 역 자 후 기

나의 전공분야의 독서를 제외하고, 지금껏 내가 읽은 책 가운데 가장 감동적인 몇 권의 책이라면 E.프롬의 ≪건전한 사회≫와 ≪사랑의 방법≫, M.부버의 ≪너와 나≫ 그리고 여기에 옮긴 V.프랭클의 ≪인간이란 무엇인가≫(原題 : 人間實存의 意義)를 들 수 있겠다. 이상 모두 유학 시절에 읽은 것들이고, 여름방학 때 학비조달을 하느라고 내 딴엔 상당히 고된 환경 속에서 짬을 내서 읽은 탓으로 더욱 감명이 컸는지도 모른다. 오래지 않아 나 자신에게 내적으로 크게 변화를 가져오도록 영향을 끼친 것이 바로 이상과 같은 책들이었다. 베이컨이 말한 〈동굴의 우상〉에서 탈피를 많이 한 것 같고, 외향적인 화려함의 극치를 내보이며 서구 문명이 안고 있는 병마도 비판적인 안목으로 볼 수 있게 되었고 또 인류 공동체의 운명에 진정한 동정의 싹이 트게 된 것도 이상의 책들이었던 것 같다.

귀국 후 오랜 만에 틈을 내서 이 책을 다시 읽었다.

앉은 자리에서 그냥 다 읽어 버리지 않고는 못배기는 책이었다. 그냥 두기에는 아까운 책이 아닐까, 번역을 해서 여러 사람들과 함께 읽을 기회를 가졌으면 하는 생각이 간절했지만, 우선 내 분야의 일에도 바빴을 뿐 아니라, 이보다는 그 분야 인사의 손으로 나왔으면 하고 바랐다. 모두 다 좋은 책이라고 입을 모았지만 제각기 바쁜 탓이었으리라.

 그러던 중 소위 바캉스 없는 여름 방학을 당해서, 피서하는데 가장 역설적인 방법으로 이 책을 옮기면서 더위와 싸웠다. 바다가 보고 싶고 산이 그리웠지만, 나는 눈을 가린 채 원시적인 고통을 이겨내는 인내의 힘을 길렀다고나 할까.

1973년 8월

## 옮긴이 약력

한국외국어대학교 영어과 졸
미국 메사추세츠 대학교 대학원 영문학 M. A. 동대학원 문예창작(시)
M. F. A. 미국 포트밸리 주립대학 영문과 조교수 역임, 성심여자대학 부교수 역임, 국제펜클럽 한국지부 회원, 제2차세계시인대회(1973)에서 우수시작상 수상, 한국번역문학상(시부문)(1974) 수상, 아주대학 교수

저서·역서
영문시집 ≪우회로(迂廻路)≫, ≪돼지우리의 행복(1973)≫ 미국에서 출판
국문시집 ≪토양(土壤)의 반항≫(1975)
영역 ≪김소월 시집≫ ≪불멸의 소리≫ (한국 현대시 401편)
국문역 ≪바다의 선물≫
영역 ≪모윤숙 시집≫
영역 ≪신동집 시선≫

## 인간이란 무엇인가 〈서문문고 179〉

개정판 인쇄 / 1996년 2월 20일
개정판 2쇄 / 2020년 4월 30일
글쓴이 / 빅터 프랭클
옮긴이 / 김 재 현
펴낸이 / 최 석 로
펴낸곳 / 서 문 당
주소 : 경기도 고양시 일산서구 덕산로 99번길 85 (가좌동)
전화 : 031-923-8258
팩스 : 031-923-8259
창업일자 / 1968. 12. 24
SeoMoonDang Publishing Co. 1968
등록번호 / 제 406-313-2001-000005호
초판 발행 : 1975년 4월 10일

ISBN 978-89-7243-379-8   * 잘못된 책은 바꾸어 드립니다.

# 서문문고 목록

001~303
◆ 번호 1의 단위는 국학
◆ 번호 홀수는 명저
◆ 번호 짝수는 문학

001 한국회화소사 / 이동주
002 헤세 단편집 / 헤세
003 고독한 산책자의 몽상 / 루소
004 멋진 신세계 / 헉슬리
005 20세기의 의미 / 보울딩
006 가난한 사람들 / 도스토예프스키
007 실존철학이란 무엇인가 / 볼노브
008 주홍글씨 / 호돈
009 영문학사 / 에반스
010 쯔바이크 단편집 / 쯔바이크
011 한국 사상사 / 박종홍
012 플로베르 단편집 / 플로베르
013 엘리어트 문학론 / 엘리어트
014 모음 단편집 / 서머셋 모음
015 몽테뉴수상록 / 몽테뉴
016 헤밍웨이 단편집 / E. 헤밍웨이
017 나의 세계관 / 아인스타인
018 춘희 / 뒤마피스
019 불교의 진리 / 버트
020 뷔뷔 드 몽빠르나스 / 루이 필립
021 한국의 신화 / 이어령
022 몰리에르 희곡집 / 몰리에르
023 새로운 사회 / 카아
024 체호프 단편집 / 체호프
025 서구의 정신 / 시그프리드
026 대학 시절 / 슈토롬
027 태초에 행동이 있었다 / 모로아
028 젊은 미망인 / 쉬니츨러
029 미국 문학사 / 스필러
030 타이스 / 아나톨프랑스
031 한국의 민담 / 임동권
032 비계 덩어리 / 모파상
033 은자의 황혼 / 페스탈로치
034 토마스만 단편집 / 토마스만
035 독서술 / 에밀파게
036 보물섬 / 스티븐슨
037 일본제국 흥망사 / 라이샤워
038 카프카 단편집 / 카프카
039 이십세기 철학 / 화이트
040 지성과 사랑 / 헤세
041 한국 장신구사 / 황호근
042 영혼의 푸른 상흔 / 사강
043 러셀과의 대화 / 러셀
044 사랑의 풍토 / 모로아
045 문학의 이해 / 이상섭
046 스탕달 단편집 / 스탕달
047 그리스, 로마신화 / 벌핀치
048 육체의 악마 / 라디게
049 베이컨 수상록 / 베이컨
050 미뇽레스코 / 아베프레보
051 한국 속담집 / 한국민속학회
052 정의의 사람들 / A. 까뮈
053 프랭클린 자서전 / 프랭클린
054 투르게네프단편집 / 투르게네프
055 삼국지 (1) / 김광주 역
056 삼국지 (2) / 김광주 역
057 삼국지 (3) / 김광주 역
058 삼국지 (4) / 김광주 역
059 삼국지 (5) / 김광주 역
060 삼국지 (6) / 김광주 역
061 한국 세시풍속 / 임동권
062 노천명 시집 / 노천명
063 인간의 이모저모 / 라 브뤼에르
064 소월 시집 / 김정식
065 서유기 (1) / 우현민 역
066 서유기 (2) / 우현민 역
067 서유기 (3) / 우현민 역
068 서유기 (4) / 우현민 역
069 서유기 (5) / 우현민 역
070 서유기 (6) / 우현민 역
071 한국 고대사회와 그 문화 / 이병도
072 피서지에서 생긴일 / 슬론 윌슨

## 서문문고목록 2

073 마하트마 간디전 / 로망롤랑
074 투명인간 / 웰즈
075 수호지 (1) / 김광주 역
076 수호지 (2) / 김광주 역
077 수호지 (3) / 김광주 역
078 수호지 (4) / 김광주 역
079 수호지 (5) / 김광주 역
080 수호지 (6) / 김광주 역
081 근대 한국 경제사 / 최호진
082 사랑은 죽음보다 / 모파상
083 퇴계의 생애와 학문 / 이상은
084 사랑의 승리 / 모옴
085 백범일지 / 김구
086 결혼의 생태 / 펄벅
087 서양 고사 일화 / 홍윤기
088 대위의 딸 / 푸시킨
089 독일사 (상) / 텐브록
090 독일사 (하) / 텐브록
091 한국의 수수께끼 / 최상수
092 결혼의 행복 / 톨스토이
093 율곡의 생애와 사상 / 이병도
094 나심 / 보들레르
095 에머슨 수상록 / 에머슨
096 소나의 이단자 / 하우프트만
097 숲속의 생활 / 소로
098 미을의 로미오와 줄리엣 / 켈러
099 참회록 / 톨스토이
100 한국 판소리 전집 / 신재효, 강한영
101 한국의 사상 / 최창규
102 결산 / 하인리히 빌
103 대학의 이념 / 야스퍼스
104 무덤없는 주검 / 사르트르
105 손자 병법 / 우현민 역주
106 바이런 시집 / 바이런
107 종교론,국민교육론 / 톨스토이
108 더러운 손 / 사르트르
109 신역 맹자 (상) / 이민수 역주
110 신역 맹자 (하) / 이민수 역주
111 한국 기술 교육사 / 이원호
112 가시 돋힌 백합/ 어스킨콜드웰
113 나의 연극 교실 / 김경옥
114 목녀의 로맨스 / 하디
115 세계발행금지도서100선 / 안춘근
116 춘향전 / 이민수 역주
117 형이상학이란 무엇인가 / 하이데거
118 어머니의 비밀 / 모파상
119 프랑스 문학의 이해 / 송면
120 사랑의 핵심 / 그린
121 한국 근대문학 사상 / 김윤식
122 어느 여인의 경우 / 콜드웰
123 현대문학의 지표 외/ 사르트르
124 무서운 아이들 / 장콕토
125 대학·중용 / 권태익
126 사씨 남정기 / 김만중
127 행복은 지금도 가능한가 / B. 러셀
128 검찰관 / 고골리
129 현대 중국 문학사 / 윤영춘
130 펄벅 단편 10선 / 펄벅
131 한국 화폐 소사 / 최호진
132 사형수 최후의 날 / 위고
133 사르트르 평전 / 프랑시스 장송
134 독일인의 사랑 / 막스 뮐러
135 사서삼경 입문 / 이민수
136 로미오와 줄리엣 /셰익스피어
137 햄릿 / 셰익스피어
138 오델로 / 셰익스피어
139 리아왕 / 셰익스피어
140 맥베드 / 셰익스피어
141 한국 고시조 500선/강한영 편
142 오색의 베일 /서머셋 모옴
143 인간 소송 / P.H. 시몽
144 불의 강 외 1편 / 모리악
145 논어 /남만성 역주
146 한여름밤의 꿈 / 셰익스피어
147 베니스의 상인 / 셰익스피어
148 태풍 / 셰익스피어
149 말괄량이 길들이기/셰익스피어

## 서문문고목록 3

150 뜻대로 하셔요 / 셰익스피어
151 한국의 기후와 식생 / 차종환
152 공원묘지 / 이블린
153 중국 회화 소사 / 허영환
154 데미안 / 헤세
155 신역 서경 / 이민수 역주
156 임어당 에세이선 / 임어당
157 신정치행태론 / D.E.버틀러
158 영국사 (상) / 모로아
159 영국사 (중) / 모로아
160 영국사 (하) / 모로아
161 한국의 괴기담 / 박용구
162 욘손 단편 선집 / 욘손
163 권력론 / 러셀
164 군도 / 실러
165 신역 주역 / 이기석
166 한국 한문소설선 / 이민수 역주
167 동의수세보원 / 이제마
168 좁은 문 / A. 지드
169 미국의 도전 (상) / 시라이버
170 미국의 도전 (하) / 시라이버
171 한국의 지혜 / 김덕형
172 감정의 혼란 / 쯔바이크
173 동학 백년사 / B. 웜스
174 성 도밍고성의 약혼 /클라이스트
175 신역 시경 (상) / 신석초
176 신역 시경 (하) / 신석초
177 베를렌느 시집 / 베를렌느
178 미시시피씨의 결혼 / 뒤렌마트
179 인간이란 무엇인가 / 프랭클
180 구운몽 / 김만중
181 한국 고시조사 / 박을수
182 어른을 위한 동화집 / 김요섭
183 한국 위기(圍棋)사 / 김용국
184 숲속의 오솔길 / A.시티프터
185 미학사 / 에밀 우티쯔
186 한중록 / 혜경궁 홍씨
187 이백 시선집 / 신석초
188 민중들 반란을 연습하다
    / 귄터 그라스
189 축혼가 (상) / 샤르돈
190 축혼가 (하) / 샤르돈
191 한국독립운동지혈사(상)
    / 박은식
192 한국독립운동지혈사(하)
    / 박은식
193 항일 민족시집/안중근외 50인
194 대한민국 임시정부사 /이강훈
195 항일운동가의 일기/장지연 외
196 독립운동가 30인전 / 이민수
197 무장 독립 운동사 / 이강훈
198 일제하의 명논설집/안창호 외
199 항일선언·창의문집 / 김구 외
200 한말 우국 명상소문집/최창규
201 한국 개항사 / 김용욱
202 전원 교향악 외 / A. 지드
203 직업으로서의 학문 외
    / M. 베버
204 나도향 단편선 / 나빈
205 윤봉길 전 / 이민수
206 다니엘라 (외) / L. 린저
207 이성과 실존 / 야스퍼스
208 노인과 바다 / E. 헤밍웨이
209 골짜기의 백합 (상) / 발자크
210 골짜기의 백합 (하) / 발자크
211 한국 민속약 / 이선우
212 젊은 베르테르의 슬픔 / 괴테
213 한문 해석 입문 / 김종권
214 상록수 / 심훈
215 채근담 강의 / 홍응명
216 하디 단편선집 / T. 하디
217 이상 시전집 / 김해경
218 고요한물방아간이야기
    / H. 주더만
219 제주도 신화 / 현용준
220 제주도 전설 / 현용준
221 한국 현대사의 이해 / 이현희
222 부와 빈 / E. 헤밍웨이
223 막스 베버 / 황산덕
224 적도 / 현진건

**서문문고목록 4**

225 민족주의와 국제체제 / 힌슬리
226 이상 단편집 / 김해경
227 심락신강 / 강무학 역주
228 굿바이 미스터 칩스 (외) / 힐튼
229 도연명 시전집 (상) / 우현민 역주
230 도연명 시전집 (하) / 우현민 역주
231 한국 현대 문학사 (상) / 전규태
232 한국 현대 문학사 (하) / 전규태
233 말테의 수기 / R.H. 릴케
234 박경리 단편선 / 박경리
235 대학과 학문 / 최호진
236 김유정 단편집 / 김유정
237 고려 인물 열전 / 이민수 역주
238 에밀리 디킨슨 시선 / 디킨슨
239 역사와 문명 / 스트로스
240 인형의 집 / 입센
241 한국 골동 입문 / 유병서
242 토마스 울프 단편선 / 토마스 울프
243 철학자들과의 대화 / 김준섭
244 파리시절의 릴케 / 버틀러
245 변증법이란 무엇인가 / 하이스
246 한용운 시전집 / 한용운
247 중론송 / 나아가르쥬나
248 알퐁스도데 단편선 / 알퐁스 도데
249 엘리트와 사회 / 보트모어
250 O. 헨리 단편선 / O. 헨리
251 한국 고전문학사 / 전규태
252 정을병 단편집 / 정을병
253 악의 꽃들 / 보들레르
254 포우 걸작 단편선 / 포우
255 양명학이란 무엇인가 / 이민수
256 이육사 시문집 / 이원록
257 고시 십구수 연구 / 이계주
258 안도라 / 막스프리시
259 병자남한일기 / 나만갑
260 행복을 찾아서 / 파울 하이제
261 한국의 효사상 / 김익수
262 갈매기 조나단 / 리처드 바크
263 세계의 사진사 / 버먼트 뉴홀
264 환영(幻影) / 리처드 바크
265 농업 문화의 기원 / C. 사우어
266 젊은 체녜들 / 몽테를랑
267 국가론 / 스피노자
268 임진록 / 김기동 편
269 근사록 (상) / 주희
270 근사록 (하) / 주희
271 (속)한국근대문학사상/ 김윤식
272 로렌스 단편선 / 로렌스
273 노천명 수필집 / 노천명
274 콜롱바 / 메리메
275 한국의 연정담 /박용구 편저
276 심현학 / 황산덕
277 한국 명창 열전 / 박경수
278 메리메 단편집 / 메리메
279 예언자 /칼릴 지브란
280 충무공 일화 / 성동호
281 한국 사회풍속야사 / 임종국
282 행복한 죽음 / A. 까뮈
283 소학 신강 (내편) / 김종권
284 소학 신강 (외편) / 김종권
285 홍루몽 (1) / 우현민 역
286 홍루몽 (2) / 우현민 역
287 홍루몽 (3) / 우현민 역
288 홍루몽 (4) / 우현민 역
289 홍루몽 (5) / 우현민 역
290 홍루몽 (6) / 우현민 역
291 현대 한국시의 이해 / 김해성
292 이효석 단편집 / 이효석
293 현진건 단편집 / 현진건
294 채만식 단편집 / 채만식
295 삼국사기 (1) / 김종권 역
296 삼국사기 (2) / 김종권 역
297 삼국사기 (3) / 김종권 역
298 삼국사기 (4) / 김종권 역
299 삼국사기 (5) / 김종권 역
300 삼국사기 (6) / 김종권 역
301 민화란 무엇인가 / 임두빈 저
302 건초더미 속의 사랑 / 로렌스
303 야스퍼스의 철학 사상
　　 / C.F. 월레프